# 세계 뉴스에 무지한 일본인

편견 없이 세계 시각으로 보는 일본 이야기

1

타니모토 마유미
Mayumi Tanimoto

# 세계뉴스에 **무지한 일본인 1**

**펴 낸 날**   2023년 05월 25일

**지 은 이**   타니모토 마유미
**옮 긴 이**   박보신
**펴 낸 곳**   보윤북스
**출판등록**   제 2021-000013호
**주    소**   경기도 화성시 영통로 26번길 24, 304동 1106호
**전    화**   031-205-3552
**이 메 일**   boyunbooks@naver.com

• 책값은 표지 뒷면에 표기되어 있습니다.
 ISBN  979-11-975401-1-0 (03300)

타니모토 마유미 지음
박보신 옮김

세계 뉴스에
무지한 일본인

편견 없이 세계 시각으로 보는 일본 이야기

1

**현지에서 20만 부 이상 판매된 베스트 인문서!**

일본인은 모른다, 세계가 그들을 뭐라 하는지
신문, TV 보도로는 알 수 없는 세계의 진실!

Boyun books

# 시작하면서

일본은 섬나라입니다. 그리고 섬나라는 세계에서 소수파에 해당합니다.

독일이나 영국, 프랑스 등의 약 2배에 달하는 인구 규모의 국가임에도 불구하고, 국민의 대부분이 같은 언어를 구사하고, 동일 문화 배경과 종교를 공유하는 극단적으로 특수한 나라입니다.

유사 이래, 인접 국가와는 바다로 떨어져 있었기 때문에, 일본으로 들어오는 일은 쉽지 않았습니다. 많은 사람이 사납고 거친 바다에 목숨을 잃어 왔겠지요? 한편으로, 그 덕분에 다른 언어나 문화를 가지는 집단으로부터의 침략이나 분쟁 등을 회피할 수 있었던 것도 사실입니다.

격리된 섬나라는 이처럼 좋은 측면이 있는 반면에, 타민족과의 접촉이 적었기 때문에 정보의 유입이 한정된다는 단점도 있습니다.

현시대는 소통 비용이 극단적으로 감소하는 인터넷 시대입니다. 통신 기술뿐만 아니라 운송이나 다양한 과학기술의 발달 때문에 세계화가 눈에 띄게 진척되고 있습니다. 사람, 물건, 사안들의 왕래를 방해하는 벽은, 불과 30년 전과 비교해도 제법 제거되고 있는 것입니다.

Youtube에서 일약 스타가 된 '피코타로' 씨는 일본뿐만 아니라 미국을 시작으로, 멀리는 콩고 등 아프리카의 아이들에게도 커다란 인기를 얻었습니다. 노출되는 수단이 TV에 한정되었던 수년 전과는 달리, 지금은 인터넷을 매개로 세계의 아이들을 상대로 한 아이돌이 될 수 있는 시대입니다. 더하여, 그 정보는 실시간으로 공유할 수 있고, 시청하기 위한 비용은 거의 제로에 가깝습니다.

이렇게 '세계는 하나'의 시대 임에도 불구하고, 일본은 세계에서 뒤처져가고 있습니다. 세계화가 진척되고, 통신 기술이 발달하고, 그에 더하자면 일본은 정부에 의한 검열도 없고, 표현상의 규제도 세계 최소한의 국가의 하나임에도 불구하고, 타국과의 정보 소통에는 언제까지나 투명한 장벽이 존재합니다. 그 원인은 무엇일까요?

저는 크게 문제를 둘로 나눌 수 있다고 생각합니다.

첫 번째는 일본의 미디어가 상당히 폐쇄적이라는 것입니다. 이러한 정보화시대에서도 해외의 뉴스는 일본에 대부분 들어오지 않습니다. TV나 신문에서 취급되는 해외정보는 아주 극소수에 한정된 것으로, 더욱이 그 대다수가 일본인에 입맛에 맞게 편집된 정보들뿐입니다. 작금, "외국에서 본 일본은 여기가 대단해!"라고 소리 높여 칭찬하는 TV 프로그램이 부지기수로 많은 것도 그 현상의 하나라고 말할 수 있습니다.

또 다른 문제는, 원래 일본인은 국제뉴스에 흥미를 느끼지 않는다는 것입니다. 일본의 통신환경은 세계적으로 보아도 상당히 발달하여 있어, 특별한 일이 없다면 정전이 되는 일도, 전화회선의 혼선이 되는 일도 없습니다. 게다가 국민의 대부분이 스마트폰을 잘 사용하고, 손바닥 위의 아이콘을 여러 차례 터치하는 것으로 세계의 다양한 정보를 접할 수 있습니다. 한편, 외부 정보에 접근한 것만으로 투옥되고 마는 권위주의 국가에 사는 사람들도 있습니다. 이러한 위험을 감수하면서도 그들은 VPN(Virtual private network)을 활용하여 정보를 입수하려 하고 있습니다.

일본인은 그러한 혜택받은 통신환경이 있어, 행동이 전혀 제한되고 있지 않음에도 불구하고, 해외정보에 적극적으로 접근하려 하지 않고 있습니다. 자국 밖에서 어떠한 일이 발생하고 있는지를 확실히 인식하고 있는 일본인은 매우 적은 실정입니다.

이러한 심각한 상황이므로 일본인은 자국이 세계에서 어떠한 평가를 받는지조차도 알지 못합니다. 저출산 고령화로 내리막길을 굴러떨어져 내려가고 있는 국가라고 혹평되는 것도, 잃어버린 20년간에 충분히 예측할 수 있었던 과제에 대한 대책이 안일했던 나라로서, 다른 선진국으로부터 매우 엄중한 시선을 받고 있다는 것도 그에 해당합니다. 사실을 사실대로 직시하지 못하고 중요한 사안도 놓쳐, 가랑비에 옷 젖는 줄 모르는 꼴입니다. 많은 선택지를 잃고, 방대한 손실에 시달리는 것이 눈앞에 보입니다.

이 서책은 그러한 위기 상황에 부닥쳐있는 일본의 여러분에게, 일본 밖으로부터의 시점을 제공하고, 여러 방면에서 깨닫게 되는 힌트가 될 수 있도록 하기 위한 지침서입니다. 흠뻑 젖어 버린 옷처럼 되지 않기 위해, 세계의 뉴스에 확실한 시선으로 한 사람 한 사람이 의식의 변화를 도모하는 것을 원할 뿐입니다.

# ❦ ❦ ❦
# 옮긴이의 글

세상을 바라보고 인지하고 삶을 영위하는 방식은 정해
진 흐름이나 법칙이 존재하기도 하고 아니기도 한 오묘한 질서 속에서
우리에게 어려운 질문을 던지기도 합니다.

우리는 정보의 홍수 속에 살아가고 있습니다. 다양한 정보는 우리의
삶에 지대한 영향을 미칩니다. 최근에는 우리 주변을 에워싸고 있는 많
은 양의 정보 데이터를 올바른 데이터 처리나 분석을 거치지 않고, 편
협된 내용만 솎아서 자기중심적으로 포장하여 발신하는 경우가 많습니
다. 정보는 얻는 것도 중요하지만, 적재적소의 정보를 정확하게 판단하
고 적시에 발신하는 것이 더 중요합니다.

정보(情報, Information)라는 것은 알림(告, Inform)의 주고받음을 실행하는 것으로 발생합니다. 그러므로 정보는 발신 주체에 따라, 그 신뢰성을 의심받기도 합니다. 우리는 날마다 SNS 등에서 노출되는 지나치게 많은 정보 속에 살고 있습니다. 마크 트웨인은 "진실이 신발을 신고 있는 동안 거짓은 세상을 반 바퀴 돌 수 있다."라고 했습니다. 이는 대한민국에도 해당하는 이야기입니다.

또한, 정보는 보는 관점, 보려는 관점에 따라 가공되고 재발신됩니다. 이러한 정보가 선순환으로 정제되고 쌓여 지식(知, knowledge)이 되고, 그런 경험의 순기능이 지혜(智, Wisdom)가 되어 우리의 인생을 지탱하게 합니다. 그러나 이 정보가 역기능으로 작용하는 때도 간간이 있습니다. 정보는 얻어서 간직하고 활용하는 것보다 발신이 중요하고 발신 정보의 사실 여부도 중요시되지만, 정보 발신(inform)이 없으면 정보수취와 수집은 없기 때문입니다. 대부분은 정보를 얻으려 하고 사유화하고 발신은 꺼리고 전달하려 하지 않습니다. 근래에 들어 SNS나 유튜브 등이 활성화되고 있으나 대부분이 소비성 콘텐츠나 작위적인 것도 많아 정보의 진위를 따져 봐야 합니다.

그럼 우리가 취합할 정보는 어떠한 것이고 삭제할 정보는 무엇일까요? 그는 우리가 살아가는 데 중요한 것은 무엇인지를 따져봐야 합니다. 지피지기면 백전백승이라 했습니다. 먼저 우리를 알아야 대처방안과 방법론이 등장하겠지요.

우선 우리의 산업 구조는 일본과 유사합니다. 최근에 와서는 달리하는 분야가 늘어났지만 그래도 많이 유사합니다. 그에 따르는 환경문제 또한 궤를 같이합니다. 또한, 저출산, 고령화 문제도 같은 경향을 보이고 있습니다. 그리고 국가의 인지도와 다양성, 인종차별 등의 문제 또한 같은 맥락입니다. 그런데 여기서 중요하게 고심해야 할 것은, 이러한 사안 중 특정 부분은 일본보다 우리가 더 심각하다는 것입니다.

환경에 대해서는 우리보다 일본의 방사능 오염수의 해양 방류에 관한 관심이 더 클 것입니다. 물론 우리는 이에 대한 국제사회의 의견과 검증요청사항을 심도 있게 확인해야겠지요. 그럼 우리 내부에 당면한 환경과제는 무엇일까요? 여러분들이 잘 아는 대기오염 및 황사 문제, 친환경 에너지 및 재생에너지 문제, 오염원의 처리방안 등의 다양한 것들이 떠오릅니다. 대기오염은 중국의 영향 정도를 규명해야 하며, 국내에서 발생하는 오염원도 적절한 시책과 조치가 필요합니다. 역대 정부들이 우리도 탄소 중립을 실현하겠다고는 공언하였지만, 미국, 일본, 중국과 같이 산업을 중시하는 구조로는 탄소 배출량의 달성은 당분간은 요원한 사안입니다.

유럽 국가들이 탄소 중립이나 저탄소 친환경을 강화하는 데에는 그들은 산업혁명 이후로 엄청난 대기오염을 겪고, 그 이후로는 그에 대한 대처방안을 강구해 왔기에 그들은 약간의 노력으로 달성할 수 있기 때문입니다. 그리고 그를 빌미로 지구의 기후 문제에 그들이 선제적으로 행해온 환경오염행위는 외면하고 신흥 공업 국가에 청구서를 넣고 있습니다. 또한, 유럽의 기업이나 미국의 IT 기업들이 RE100(재생전기 100%,

Renewable Electricity 100%)을 주창할 수 있는 것은, 그들에게는 가능한 목표치이지 않을까요. 한국 회원사들의 RE100에 해당하는 재생에너지 사용률은 2%를 좀 넘는 수준에 불과합니다. 정치적인 다툼의 영역이 아니라 대한민국이 발전을 거듭하기 위해 내달려 온 산업화의 결과이고, 그에 대한 문제 제기이며, 우리가 당면한 엄연한 현실입니다. 어느 정도 우리의 상황에 맞게 늦춰가며 해결의 실마리를 찾아야 할 사안들입니다. 이는 정도의 차이는 있지만 일본도 직면한 과제입니다.

다른 예를 들어 보면 저출산과 고령화 문제가 떠오릅니다. 대한민국의 출산율은 1960년대 이후로 계속 줄어들고 있습니다. 초기에는 산아제한(産兒制限) 정책에 의하였다지만 점차 경제적인 안정 단계에 접어들면서 부모들에 의한 학업적으로 직업적으로도 성공을 갈구하던 것이 원인으로, 교육열이 비등하고 여성의 고용률이 향상되었고, 그에 수반하여 물가가 오르고, 교육비 및 생활비가 가중되고, 주거비 등의 연계 상승 등이 더해져 젊은 세대들은 경제적 불확실성을 이유로 출산율의 저하를 맞이하게 되었고, 최근의 합계출산율이 0.88명 전후에 불과한 심각한 수준입니다.

유럽의 프랑스가 1.7명 전후, 영국과 독일이 1.5명 전후이며, 가까이 이웃하는 일본이 1.3명 전후이고 한 자녀 정책을 펼쳤던 중국도 1.2명 전후입니다. 피부로 느끼는 시장 물가나 생활비 수준은 유럽의 열강이나 미국에는 못 미치나! 일본을 넘어서는 수준입니다. 그만큼 가계수입이 확보돼야 할 상황이지요. 교육열은 대단하여 대한민국은 고등학생의 대학 진학률이 1990년에 27%대였던 것이 2010년에 80% 전후로 정점을 찍고 2012년부터 70%대입니다. 유럽 국가들은 25~50%대입니다. 본서에서도 언급됩니다만, 일본은 57%대로 교육 수준이 높다고 자평하고 있습니다. 이렇듯 교육비와 생활비에 대한 부담이 커지고, 미래가 불확실하고, 출산율이 저하되는 상황이 이어지면 안 되겠지요.

대졸자의 취직률도 하락하고 노동자와 계층 간의 불균형도 커져만 가는 것은 모두가 함께 풀어야 할 과제입니다. 고령화에 이르면 초고령사회가 근접한 상황에서 해답을 찾기는 더 어렵습니다. 이 또한 대한민국도 일본도 풀어내야 할 커다란 과제입니다. 이럴진대 이러한 커다란 과제를 국가나 개인이나 알고는 있지만 뒤로 미루고 있지는 않나요.

그런데 이는 일본과 대한민국만의 문제는 아닙니다. 어느 국가이든지 항시 소소한 것부터 중대한 과제를 받아 들고 있습니다. 하지만 적시에 그에 대한 대책을 강구하고 미래를 대비하지 않으면 안 됩니다.

본서에서는 일본인들이 모르고 간과한 일본의 사회상을 종장을 포함한 7개의 장으로 구성된 지면을 빌려 세계 각국의 보도, 상식, 교양, 사고, 세계인의 일본에 대한 평가를 다루고 있으며, 그 안에는 서구 세계의 일본 및 아시아에 대한 인식과 평가, 차별의식, 중국의 세계화 정책, EU와 UN의 실태, 서구 국가들의 정서 및 인과관계, 행태 등을 사례를 들어가며 전개해 나아가고 있습니다.

산업화의 문제, 환경문제, 저출산, 다양화에 의한 인종차별 문제 등을 먼저 경험하고 해결책을 제시하고 반영해 온 구미 선진국의 과제 해법의 성패 여부와, 그에 따라 움직인 일본의 과제와 해결책은 무엇이 있었는지 반면교사로 삼을 필요성이 있습니다. 본서를 읽으면서 세계 각지의 정보를 읽어 나아가고 일본이라는 국가를 인지하는 데 지침서로 작용했으면 합니다. 그리고 본서에 대한 개별적 해석은 여러분께 일임합니다.

박보신

# Contents

## 제2장 세계의 '상식'에 무지한 일본인

## 제3장  세계의 '사회상황'에 무지한 일본인

## 제4장  세계의 '최신 정보'에 무지한 일본인

## 제5장 세계의 '교양'에 무지한 일본인

## 제6장 세계의 '국민성'에 무지한 일본인

## 종 장  세계의 중대 뉴스를 인지하는 방법

서 장

# 일본인은 왜 세계뉴스에 무지한가?

## ✳ 세계뉴스를 모르는 것은 생명을 위협함

일본인과 대화를 나누다 보면 '해외에서는 당연하듯이 보도되고 있는데도 모르고 있는 일본인이 많다는 사실' 그중에서도 가장 많은 사례는, 해외의 위험지역에 관련된 뉴스라고 생각됩니다.

예를 들자면, 유럽에서는 2015년 이후로 시리아나 아프가니스탄으로부터 난민 유입이 많아져 커다란 문제가 되었습니다. 바다를 건너 넘어오는 난민을 위해서 그리스 해안에는 무수의 구명동의가 던져졌습니다. 지역주민과 난민과의 폭력 사건으로 무장 경관이 출동하는 소동이 발생하는 마을도 있었습니다.

에게해에 떠 있는 리조트로 유명한 코스섬 등, 특히 난민이 많았던 마을이나 섬에서는 공원이나 해안이 임시로 난민 캠프에 점거되거나 관광객이 격감하는 등의 사태에 직면하고 말았습니다. 임시휴업하거나 도산하는 호텔도 있었을 정도입니다. 틀림없는 세계적으로 커다란 문제입니다.

그러나 일본인 대다수는 이러한 뉴스를 전혀 알지 못하고, 제가 만나본 일본인 중에는 이러한 소동이 발생하고 있는 와중에도 신혼여행으로 그리스를 방문하고자 하는 일본인마저 있었습니다. 그들은 외국어를 자유롭게 구사하지 못하고, 여행에 익숙한 백패커도 분쟁지의 저널리스트도 아닙니다.

일본에서는 이러한 난민소동의 보도 분량이 적었기 때문에 그리스가 대체로 어떠한 상황에 놓여 있는지를 전혀 모르고 있는 모양이었습니다. 결국, 이 두 사람은 여행을 취소한 듯하지만, 만약에 현지 상황을 모르고 호텔 예약 없이 현지에 도착했다면 엄청난 경험을 했을 겁니다.

비슷한 예로써, 같은 시기에 터키 여행을 하고 싶어 하는 사람도 만나 봤습니다. 그런데 이즈음의 터키는 폭발사건이 발생하거나, 수도인 이스탄불에는 계엄령이 선포될 정도의 폭동이 일어나는 등, 매우 긴박한 상황에 놓여 있었습니다.

하지만 그러한 뉴스는 일본에는 조금도 보도되지 않기에, 일본의 패션잡지나 여행잡지에 표현된 '이국적인 정서의 터키'라는 멋스러운 이미지만을 보고, 터키를 일주하고 싶다고 생각했다고 합니다. 이 사람도 외국어는 유창하지 않고 해외 경험도 많지 않아 보입니다. 만에 하나 터키 여행 중에 폭파사건이나 폭동이 일어날 때는 화를 모면할 수 없었을지도 모릅니다.

　비즈니스 뉴스를 읽지 않아, 너무나도 커다란 실패에 처한 일본인도 만난 적이 있습니다. 경력 쌓기를 추구하는 20대입니다만, 비즈니스 뉴스나 경제 뉴스를 정독하고 이해할 정도의 어학이 충분치 않습니다. 그런데도 최근 유행하고 있는 해외에서의 인턴십에 도전하고자 하는 마음에 하나의 국가에 자기 이력서를 계속해서 보내고 있었습니다.

　하지만 '한 건의 답변도 얻지 못하여 어찌하면 좋을까?'라는 상담을 의뢰받은 적이 있습니다만, 얘기를 듣고 곧바로 그 이유를 알게 되었습니다. 이분은 인턴십이라는 것이 회사로부터 일을 배우는 기회를 얻는 것이고, 이에 더해 급여를 받을 수 있다고 크게 착각하고 있었습니다.

　대다수 국가, 특히 미국이나 북부 유럽의 인턴십이라는 것은, 어느 정도 능력이 있는 젊은 사람들을 시험하는 형태로 단기간 고용하여, 실력이 있으면 채용하겠다는 제도입니다. 일을 세세하게 가르쳐주지 않을뿐더러, 즉시 투입이 가능한 기술이나 경험이 없으면 급여를 전혀 받을 수 없을뿐더러, 경비는 전부 자기 부담이고, 연수 비용을 청구하는 회사도 적지 않습니다.

　그렇지만 일본에서는 인턴십의 표면적인 부분만이 보도되어, 그에 관련된 사항은 전혀 몰랐던 것입니다. 상대 회사에 "나에게 일을 가르쳐주세요."라고 메일을 당당하게 보낸 것이라면 이력서를 받은 회사의 사람들은 '어찌 이리도 상식이 없는 젊은이가…'라며 매우 화를 낼지도 모르겠네요.

이 사람은 장래에 비즈니스로 접근했던 회사들과 관련된 직무로 만나 그때의 일을 기억하는 사람이 있다면, '그 무례했던 자'로 기억에 남아 창피를 당하게 되겠지요.


## ✳ 일본의 '톱뉴스'에 외국인들은 놀라움을 금치 못함

외국인 또는 해외 체류가 길었던 일본인들이 일본에서 놀라는 사안 중의 하나가, TV나 신문에 보도되는 뉴스가 다른 선진국과 아주 다르다는 것입니다. 최근, 북미에서도 유럽에서도 시리아의 분쟁이 저녁 탑뉴스에 오르고 신문의 머리기사를 장식하는 것이 당연시되고 있습니다. 중동의 정세가 자국의 통화나 비즈니스에 커다란 영향을 끼치기 때문입니다. 또한, 석유를 수입하는 국가에게 시리아의 정세는 매우 민감한 사안이기도 합니다. 자기 삶과 일에 큰 영향을 미치므로 이러한 국제적 주제에도 안테나를 세우는 사람이 매우 많습니다.

이러한 국제뉴스를 항상 확인하는 것은 국제 정치 마니아이기 이전에 자신들의 생활에 관계되는 것이기에 매우 당연한 일입니다.

그런데 일본의 텔레비전이나 신문 지면은 어떻습니까? 놀랍게도 일본에서는 이러한 국제뉴스는 사소하게 취급하고, 공공방송인 NHK와 퀄리티 페이퍼라고 불리는 주요 일간지에서조차도 다음과 같은 주제가 톱뉴스로서 게재되고 있는 모습입니다.

- 노인이 운전하는 차가 폭주
- 난폭 운전 사건 연속 발생
- 사키요겐 슈마이 매진
- 불곰에게 습격당함
- 올림픽 대회장에 하수 흘려보냄

어떻습니까? 아무래도 그저 흘러가는 뉴스뿐이네요. 일본의 텔레비전이나 신문에서는 이러한 뉴스가 톱으로 보도되는 경우가 많습니다만, '불곰에게 습격당했다.'라든가 '황실 친족의 약혼자가 부모의 부채에 관해 설명한다.'라든지, 해외 보도 레벨에서는 확실히 가십 신문에 실릴 정도의 토픽이지만, 일본에서는 퀄리티 페이퍼가, 왠지 그런 내용의 뉴스가 크게 다루어져 버리는 것입니다.

그렇다면 다른 선진국에서는 어떻습니까? 뉴욕시의 킹스 컬리지에서 저널리즘을 가르치는 폴 그라더 씨가 미국의 경제 잡지 '포브스'의 웹 버전에서 신뢰성이 높은 신문의 순위를 발표하고 있습니다. 상위 10위는 다음과 같습니다. 상위 3개 사는 일본에서도 모두가 알 만한 미디어가 줄지어 있습니다.

1. The New York Times(뉴욕타임스)
2. The Wall Street Journal(월 스트리트 저널)
3. The Washington Post(워싱턴 포스트)
4. BBC(비·비·시)

5. The Economist(이코노미스트)

6. The New Yorker(더 뉴요커)

7. The Associated Press Reuters Bloomberg News(AP 통신, 로이터 부룸버그 뉴스 통신사)

8. Foreign Affairs(포린 어페어스)

9. The Atlantic(아틀란틱)

10. Politico(폴리티코)


이 미디어의 목록은 미국의 것이 중심이기 때문에 다른 영국 퀄리티 페이퍼라고 통칭하는 유명 신문도 함께 내용을 대략 살펴봅시다.


- 오피오이드 위기로 존슨 & 존슨에게 판결
- 아마존 화재로 브라질이 무역 협상으로 EU를 위협
- 레바논 대통령이 이스라엘의 드론 공격은 선전 포고라고 말함
- 쿠르드인 전투원, 터키 국경으로부터 철수
- 홍콩 데모는 천안문을 연상케 함
- 영·중 은행 총재 Facebook의 가상 통화를 논의
- 해리 왕자의 개인 제트기 이용에 대한 비판


어떻습니까? 일본의 신문과는 꽤 내용이 다르다는 것에 놀랐을지도 모릅니다. 미국과 영국의 퀄리티 페이퍼의 톱뉴스에는 국내외의 정치

경제 토픽이 많고, 일본처럼 스포츠 선수나 연예인의 화제는 일절 등장하지 않으며, 라면집이나 멧돼지에 관한 뉴스는 나올 리가 없습니다. 그러한 토픽은 '음식'과 '스포츠'와 같은 다른 섹션에 게시되거나 주말판에 추가되는 미니 잡지에 게재되는 정도입니다. 일본의 감각으로 보면 매우 딱딱한 내용이라고 생각했을 것입니다. 그러나 미국이나 영국에서는 이러한 내용의 뉴스를 당연히 읽어야 하는 것입니다.

## ✳ '편협한 정보'뿐인 것은 누구 탓일까?

　　　　　이처럼 일본에서는 상위의 주요 신문이라도 보도되는 정보는 국내발에 편향되어 있고, 국제 상황과 경제 문제를 다루는 방법은 미국과 영국의 미디어에 비해 매우 얕은 수준입니다. 앞서 언급했듯이 일본 뉴스는 국내 주제가 메인이며, 가십거리 주제와 심각한 뉴스가 섞여 있습니다. 선진국이며 G7의 구성원이라고는 생각되지 않을 정도로, 왠지 알 수 없는 일본의 뉴스 보도에만 크게 치우치고 있는 것입니다.

　이 우울한 상황은, 과연 미디어만의 탓일까요?… 생각해보면 미디어도 장사입니다. 신문과 주간지의 실제 판매 부수와 각 TV 방송국의 시청률에 의해 판명이 나는 세상의 반응을 기반으로 필요한 정보를 예측하고 보도하고 있습니다. 즉, 일본 시청자와 독자가 국내 가십 정보를 요구하고 있다는 근거라 할 수 있지 않을까요? 정보 수신자인 일본인 대부분은 국내를 바라보고 있고, 국제정세와 경제에는 거의 관심이 없다는 실태에 원인이 있다고 생각됩니다.

그러면 왜 일본인이 요구하는 정보는 이렇게까지 치우쳐져 있는 것일까요? 우선 일본의 국내 시장이 어느 정도의 크기를 갖추고 있다는 것을 들 수 있습니다. 국내 시장만으로도 먹고살 수 있기에 해외에 대해 알지 못한다 해도 아무런 곤란도 없습니다. 해외로 외화벌이 나가지 않아도 되고, 해외 자산이 필요한 사람도 많지 않을 것입니다.

다음으로 일본은 '격리'된 섬나라이기 때문에 체류하는 외국인 비율이 전체 인구의 3%(2018년 6월 법무성 조사)에도 못 미치는 등 국내가 거의 균일하다는 것입니다. 다른 선진국의 외국인 비율은 약 10~12% 정도이며 호주와 같은 외국인 비율이 높은 나라라면 29% 전후. 그에 비해 일본의 균일성이 두드러집니다. 즉, 이웃에 거의 외국인이 없기에 해외 상황 등 자신과 전혀 무관하고 관심을 가질 리가 없습니다.

또 하나 말할 수 있는 것. 일본인은 '강자에게는 숙여라.' 체질의 사람이 많아, 자신의 인생에 엄격한 잣대를 가지고 마주하지 않고, 위기감을 느끼는 일이 없다. 사실 이를 가장 우려해야 할 수도 있습니다.

그러한 현상이 현저하게 나타나고 있다고 느끼는 것이, 일이나 고용, 그리고 자기 성장에 대한 의식이 낮다는 것입니다. 직업은 회사로부터 주어지는 것이라고 믿어 의심치 않고, 스스로 일을 창출하거나 독자적인 기술을 습득하기 위해 자기 투자를 하는 사람은 매우 적습니다.

저는 일본인으로부터 장래의 경력이나 이직에 관한 상담을 의뢰받기도 합니다만, 너무 수동적인 사람이 많은 것에 항상 놀라게 됩니다.

스스로 돈을 지급하고 외부 연수를 받지 않겠냐. 책을 사서 철저히 공부하지 않겠습니까? 조언하면 대부분 사람이 놀랍다는 표정이 됩니다. 그는 회사가 제공하는 것이며 스스로 돈을 내던지 능동적으로 공부하거나 하는 것은 있을 수 없다는 감각일 것입니다.

회사가 말하는 대로 연수받아 일하고 있으면 기술을 체득하고, 급료도 자연스럽게 오르며, 해고되는 일도 없다고 믿고 있는 사람이 많은 것. 그중에는 비정규 고용자, 언제든지 구조조정이 될지 모르는 중간 관리직의 사람도 있고, 자신의 놓인 현실을 직시하지 않고, 전근대적인 감각으로 회사와의 관계를 파악하고 있는 것입니다.

오랫동안 종신 고용이 일반적이었던 일본과는 달리, 다른 선진국에서는 이직이 당연하고, 수년 간격으로 이직을 거듭하고 점점 기량을 높혀가는 사람도 많이 있습니다. 성과를 내지 않으면 깨끗이 해고되는 것도 드물지 않기 때문에, 수동적이고 게으른 자세로 사는 것은 자신의 인생을 파탄시키는 것으로 연결될 수 있는 것입니다.

자신의 고용이라는 매우 중요한 일에 대해서도 수동적인 일본인의 경우에는 연금과 사회 보장, 그리고 일본 경제가 놓여 있는 상황에도 무관심하고, '이대로 어떻게든 되겠지!'라고 생각하는 무섭고 낙관적인 의식을 가진 사람이 많습니다.

## ✳ 외국인에게는 상식인데 일본인은 모름!

　　　　　　해외에서는 상식에 해당하는 것이지만, 일본인은 모르는 경우가 많습니다. 몇 가지 예를 들어 보겠습니다.

　첫째, 일본이 해외에서 어떻게 받아들여지고 있는지, 사실은 어떠한 평가인지, 실제로 많은 일본인은 모른다는 것을 들 수 있습니다. 많은 일본인이 품고 있는 '스고이(대단하다) 일본'의 이미지는 없으며 이미 경제 성장이 끝나가고, '세계에서 가장 빨리 고령화와 저출산이라는 문제에 직면하는 매우 어려운 상황에 부닥친 선진국이다….' 그것이 외국에서의 일본에 대한 인식입니다. 이것은 정책이나 금융 전문가 등에 한정되지 않고, 세계에서는 일반적으로 알려져 있다고 해도 좋습니다.

　또 일본인이라도 금융에 관심이 있는 사람은 의식하고 있겠습니다만, 일본이라는 국가는 막대한 부채를 안고 있습니다. 다른 선진국들은 이러한 부채를 줄이기 위해 정부 지출을 점점 줄이고 있음에도 불구하고, 일본은 그를 별로 신경 쓰지 않고 올림픽과 호화로운 공공시설에 막대한 자금을 투입하고 있어, 다른 나라 사람의 눈에는 기이하게 비치고 있다는 것입니다.

　두 번째는 일본인이 '구미(歐美)'라는 단어를 사용하고 싶고, 미국과 유럽은 같을 것으로 생각하기 쉽지만, 실제로는 토지도, 역사도, 나라의 성립도 다르며, 경제 구조와 복지 제도도 크게 다르다는 것입니다. '유럽'이라고 해도 국가에 따라 국가의 색채는 다르므로, 똑같이 볼 수 없습니다. 일본 이외의 선진국에서는 상식적이지만 일본인은 모르는 사람이 대부분입니다. 평소에 세계뉴스에 관심을 두고 있으면 잘 알 수 있습니다. 일본인 대다수가 국제적 이슈에 흥미가 없으므로 인지하지 못합니다.

셋째는 유럽이나 북미에서 일반 대중의 권리를 지키는 포퓰리스트가 지지를 얻고 있는 이유입니다. 예를 들어, 2018년 후반에 프랑스에서 '노란 베스트 운동'이 일어났습니다. 프랑스는 어려운 계급 사회이며, 사회의 상류와 그 이하의 사람들의 격차라는 것은 일본에서는 상상할 수 없을 정도입니다. 연료비와 물가 상승으로 인한 생활이 매우 힘든 서민층이 정부와 부유층에 대해 이의를 제기하기 위해 일어난 것이 이 노란 베스트 운동이었습니다.

일본인 대부분은 프랑스에서 이러한 대규모 항의운동이 일어난 것에 매우 놀랐던 것 같습니다. 일본의 보도는 매우 편향되어 있어서 프랑스 국민의 대다수는 백인 프랑스 사람으로 매일같이 세련된 마카롱이나 맛있는 프랑스 요리에 입맛을 다시고, 한 달 가까이 바캉스를 가며, 숙년(熟年)이나 노인이라도 연애를 즐기고 있다는 그런 꿈같은 일상 이미지를 떠올리고 있는 사람이 많기 때문입니다.

프랑스는 G7의 일원이며 유럽에서 가장 중요한 국가 중 하나입니다. 농업 국가이며 강한 군사 산업을 가지고 있는 산업국이기도 합니다. 다른 선진국의 사람들에게는 프랑스의 이러한 경제적 측면이 오히려 상식적으로 알려진 것입니다.

요즘 노란 베스트 운동과 같은 시위와 반대 운동은 유럽 서쪽뿐만 아니라 북유럽과 헝가리 등 중앙의 제반 국가, 미국에서도 빈발하고 있습니다. 그 상징 중 하나로써 트럼프 대통령의 탄생을 들 수 있습니다만, 원래 왜 이러한 움직임이 선진국에서 현저하게 나타나고 있는가…? 그것을 올바르게 대답할 수 있는 일본인이 얼마나 있을까요?

유럽이나 북미 사람들이라면 당연히 알고 있는 프랑스 계급 격차나 젊은 층이 실업률이 높고 긴 휴가를 즐길 수 있는 것은 안정된 고용 환경에 있는 정직원인 사람들과 부유층에만 해당한다는 것, 꽤 오래전부터 이민 문제로 골머리를 앓고 있는 것…. 그런 사실 등은 일본에서는 거의 알려지지 않았습니다.

모든 선진국에서 글로벌화와 긴축 재정으로 중간층의 실질 임금은 점점 낮아지고 힘겨운 삶을 강요당하는 사람이 증가하고 있습니다. 계층 구조의 이동은 매우 어렵고, 요즘의 정세가 기인하여 자식들 세대의 생활 레벨이 부모보다 낮은 경우도 적지 않습니다.

일본인이 반짝거리는 이미지를 가지고 있는 프랑스, 이탈리아, 북유럽 국가에서도 똑같은 일입니다. 본래, 국제뉴스에 눈을 돌리고 경제 통계 등을 개략적이라도 보는 습관이 있다면 그러한 겉만 번지르르한 이미지에 휘둘리지 않고 제대로 된 진실을 파악할 수 있을 것입니다.

# ✳ 왜 일본인은 '오보'를 쉽게 믿는가?

원래 일본인은 주어진 정보를 의심하지 않고 들은 말을 쉽게 믿기에, 매우 속기 쉬운 사람들이라고 할 수 있습니다. 이것은 일본의 마케팅 방법을 보면 잘 알 수 있습니다. 연예인이나 유명인에게 사용하게 하고 홍보하면 팔리는 물품 수가 적잖습니다. 'ㅇㅇ가 추천했다.', '××도 사용하고 있다.'라는 선전 수법의 효과는 절대적입니다.

최근에는 다른 선진국에서도 이러한 '인플루엔자 마케팅'이 사용되었습니다. 소셜 미디어에서 인기 있는 사람들이 "나도 이것을 사용하고 있다.", "이것을 샀다."라고 호소하면 판매가 증가한다는 현상이 발생할 수 있습니다만, 역시 전통적으로 보면 유명인을 이용한 마케팅의 효과는 일본만큼 얻을 수 없습니다. 일반적으로 이미지나 유머로 상품과 서비스를 홍보합니다.

그렇다면 왜 일본에서는 이러한 수법이 통할까요? 역시, 어렸을 때부터 선생님이나 부모가 말한 것을 충실히 지키는 것이 좋다고 배우고, 자신의 의견을 주장하는 것은 그다지 중요하게 생각하지 않습니다. 학교의 과제나 시험도 선생님이나 교과서가 말하고 있는 것을 그대로 암기하여 쓰고 있기에 거기에도 자신의 의견을 끼울 여지가 없습니다.

그를 3살 때부터 성인이 될 때까지 반복하고 있으므로, 윗사람이나 유명인, 공식적인 서적이나 보도 매체로부터 전해지는 것은 신용하는 것이라고 잠재적으로 각인되어 버리는 것도 당연하겠습니다. 그러므로 조금 유명한 사람이나 연예인이 홍보하면 좋은 것임이 틀림없다고 생각하게 되고, 의심도 하지 않게 되어 버리는 것입니다.

그런데 다른 나라에서는 자신의 의견을 주장하고, 우선 들었던 것은 의심한다는 교육을 받습니다. 그래서 일본처럼 단순한 유명인 마케팅이 잘되지 않는 것입니다.

이것이 일본인이 뉴스나 보도를 보고 오보일지도 모른다고 의심하는 습관이 없는 이유 중 하나라고 할 수 있습니다. 이것은 최근에 일본에서 '요약 사이트'가 매우 인기가 있는 것과 관계가 깊을지도 모릅니다.

다른 나라에도 가짜뉴스를 게재한 '가짜뉴스 사이트'가 있습니다만, 일본의 '요약 사이트'만큼의 인기는 없습니다. 그런 무책임한 웹사이트는 엉성한 정보를 올린다는 것을 전제로 두는 사람이 많기 때문입니다.

제1장

# 세계의 '정치'에 무지한 일본인

# ✳ 아프리카의 미디어를 매수하는 중국

해외에서는 자주 보도되는 뉴스라도 어찌 된 영문인지 일본에서는 거의 보도되지 않는다는 것을 서장에서 전했습니다. 특히 영어권과 불어권 미디어와 일본 미디어에서는 상당히 다른 뉴스를 다루고 있습니다. 그들 나라가 한때 영국과 프랑스의 식민지였던 역사기 있고, 미국처럼 이민으로 구성된 다민족 국가인 것이 밀접하게 연관되어 있습니다.

국제 보도를 담당하는 사람들은 적지 않은 인원이 이민자 2세 또는 3세이고, 현지 상황에 통달한 사람들이며, 영어에 능숙합니다. 원래 유학생이었던 이민 1세를 채용하고 있기도 합니다. 또 전시(戰時)로부터 계속되고 있는 보도 기관은 나라의 첩보 기관으로 활약하고 있었던 관계로 해외 사정에 정통하고 상당한 커넥션을 가지고 있는 경우도 많기 때문입니다. 이러한 배경으로 일본의 보도에서는 보기 힘든 정보에 접하는 경우가 자주 있습니다.

예를 들어, 중국에 관한 보도가 그 대표적이라 할 수 있습니다. 일본에 익숙한 국가인 중국에 관해서는 일본에서도 당연히 많은 정보가 보도되곤 합니다. 이들은 일본 국내에서 중국 기업에 의한 부동산 인수와 중국의 국내 정세, 환경 오염, 군사적인 행동, 또 최근에는 중국의 IT 기업의 약진이라는 뉴스가 중심입니다. 그런데 중국이 다른 나라에서 무엇을 하고 있는지, 중국이 신흥 국가에서 어떠한 배후 영향력을 가졌는지를 아는 일본인은 얼마나 있을까요?

사실 중국은 최근까지 일본에서 개발 지원을 받았음에도 불구하고 아프리카나 남미에서 매우 강한 영향력을 가진다는 것을 알고 있는 일본인은 많지 않습니다. 일본의 미디어에서는 거의 보도되지 않는 이러한 정보가 겹겹이 쌓여 있습니다.

예를 들어, 아프리카 남부에 보츠와나라는 나라가 있습니다. 이 나라에서 외교관으로 근무하는 지인의 정보에 따르면, 20년 이상 전에 이미 중국 요리 점포가 여기저기에 보이고, 중국은 현지인에게 매우 익숙한 요리로 침투하고 있었다고 합니다. 지역 건설 프로젝트에 중국 기업이 계약하고 중국에서 온 근로자가 일하고 있는 일도 드물지 않습니다.

중국 정부는 20년 이상 전부터 자원 확보와 패권 확립을 위해 아프리카 국가에서도 관민을 동원하여 큰 영향력을 미쳤습니다. 현지 개발 프로젝트를 정부가 요청하는 것도 영향력의 행사이고, 민간 기업이 중국인 노동자를 보내며, 그 지역의 용역을 수행하는 것이 중국의 존재를 확립하는 데 매우 중요하게 작용합니다.

또한, 최근 영어권에서 화제가 된 뉴스라고 하면 중국 정부가 소프트 파워 측면에서 아프리카 각국에 영향을 미치기 시작하고 있다는 것입니다.

소프트 파워란, 군사력이나 경제력 등으로 강제적으로 따르게 하는 것이 아니라, 문화나 가치의 제공과 같은 매력으로 타인에게 영향을 주고 원하는 결과를 얻는 개념을 의미합니다. 하버드 대학 케네디 행정 대학원의 교수이며 미국을 대표하는 안보 문제 전문가이고, 또 클린턴 정권에서는 미국국가정보 회의 의장과 국방 차관보로 활약한 조지프. S. 나이가 주창한 개념입니다.

국제 정치 세계에서는 한 나라가 무력과 경제력에 의해 지배하거나 영향력을 미치는 것이 일반적이었습니다. TV, 라디오, 신문, 잡지 등의 미디어 발달과 함께, 그를 활용하여 자신의 나라에 유리한 정보를 보내고, 다른 나라의 여론을 움직이고, 선거에 영향을 미치는 간접적인 접근을 통해서 자국의 외교를 유리하게 하려는 생각입니다.

이 사고방식은 19세기부터 존재했으며, 영국의 외교관이었던 E. H. 카는 『20년의 위기』 중에서 의견을 지배하는 힘(power over opinion)은 국제 정치에 있어서 군사력, 경제력에 견줄 수 있는 영향력이라고 말하고 있습니다. 그런데 예전에는 미디어가 현재만큼 발달하지 않았기 때문에 영향력을 발휘하기에는 큰 비용이 요구됐습니다. 위성 또는 인터넷 발달로 정보 전달이 매우 쉬워지고 비용도 극단적으로 억제되는 것으로, 국제 정치의 양상은 완전히 바뀌어 버렸습니다.

## ✳ 미국은 영화를 매개로 소프트 파워를 구사

'소프트'는 매력적인 콘텐츠를 의미하지만, 콘텐츠가 유권자와 여론에 미치는 영향은 절대적이며, 미국은 1980년대 이후 소프트 파워의 영향력을 증대시키기 위해 다양한 시책을 구사했습니다.

예를 들어, 정부가 국가와 관련된 해외 전시회를 지원하거나 현지 학교의 교육 프로그램이나 어학연수에 자금 지원을 하는 것도 소프트 파워의 한 가지이기도 합니다.

미국의 경우 할리우드라는 세계적으로 큰 영향을 미치는 콘텐츠 제조 기지가 있으므로, 미국 정부는 다양한 영화에 대한 자금 지원 또는 군부의 협력을 제공하기도 하며, 영화를 통해 소프트 파워를 구사해 왔습니다.

그 대표작에, 1980년대에 대히트한 『탑건』이라는 영화나, 최근에 전 세계에서 대히트한 『트랜스포머』 시리즈가 있어, 모두 DVD나 iTunes의 메이킹 영상에서는 제작에 군의 협력이 회자 되고 있습니다. 작품 중에서는 전투기와 군인은 매우 아름답게 그려져 있으며, 영상을 본 전 세계 사람들에게 바람직한 인상을 심을 수 있었습니다.

동아시아에서 자국의 소프트 파워에 가장 주력해 온 나라가 한국입니다. 한국 정부는 영화 제작이나 K-POP, 한류 드라마의 세계 전개에 아낌없이 협력해 왔습니다. 특히 최근의 한류 드라마는 정부의 강한 뒷받침으로 세계 각지에 수출되고 있으며, 일본뿐만이 아니라 여타 국가에서도 큰 영향을 주고 있습니다.

최근 경제적으로 풍부해진 중국 정부도 소프트 파워를 다양한 형태로 자국의 영향력 증대를 위해 활용하고 있습니다. 그러나 그 접근 방식은 엔터테인먼트의 콘텐츠를 세계 곳곳에 널리 퍼뜨려 간접적으로 영향을 미치는 미국이나 한국의 방법과 달리 더 직접적입니다. 가장 좋은 방법으로는 케냐와 같은 아프리카 국가의 미디어에 대한 중국 정부의 투자입니다. 이것은 각 미디어에 대한 발언권을 얻기 위해 간결하고 최적화된 접근이라고 할 수 있습니다.

예를 들어, 남아프리카에서 두 번째 정도의 규모를 자랑하는 신문인 'Independent Media'는 주식의 20%를 중국국제전시 총공사와 중국 아프리카 개발 기금이 보유하고 있어, 중국 정부의 발언권이 매우 강해지고 있습니다. 그런 신문에 뉴욕을 거점으로 하는 저널리스트 아자드 에이서가 중국의 위구르인 압정에 관한 칼럼 기사를 집필했습니다. 그런데 발행으로부터 몇 시간이나 지나지 않아 온라인판에서의 게재가 각하되어 버렸습니다. 오히려 억압받고 있는 중국 내의 인원에 관한 2년간 연재된 기사도 즉시 끊어 버렸습니다.

중국 정부도 스스로 미디어를 가지고 '소프트 외교'를 전개하려고 시도하고 있지만, 인프라의 추진이나 개발 원조에 비하면 순조롭다고는 볼 수 없습니다만, 역시나 현지 언론에 출자하는 직접적인 방법이 영향력을 행사하는 데 효과적이겠지요.

이런 일도 있었습니다. 2014년, 수도 나이로비와 케냐의 주요 항구인 몸바사 사이에 중국 국영 기업이 철도를 건설하려고 했는데, 그 비용이 국제 기준의 3배, 처음 견적의 4배가 되어, 케냐에서는 커다란 논쟁을 일으켰습니다. 그러나 이 문제는 케냐의 TV 회사 'CGTN Africa'에서 전혀 보도되지 않았을뿐더러, 중국과 케냐의 관계 발전과 프로젝트 성공에 관한 내용이 단편적으로 보도되었습니다.

그 이유는 무엇일까요? 예리한 사람들은 이미 이해하시겠지만, 이 TV 회사는 중국이 소유하고 있기 때문입니다. 그런데 중국 정부 소유의 미디어는 이러한 보도뿐이어서 현지에서는 별로 인기가 없습니다.

중국은 자국이 생산한 영화나 드라마 등을 발신하는, 미국이나 한국과 같은 접근 방식에 그다지 관심이 없으며 해외 미디어에 대한 출자 및 자금 협력 등으로 영향력을 행사하려고 합니다. 그런데도 가까운 나라인 일본 언론에서 보도되는 일은 거의 없습니다.


## ✳ 실제로는 엄청나게 풍족한 아프리카

아프리카에 대해 어떤 이미지가 있습니까? 많은 이들이 굶주리고 있다는 이미지를 가지고 있지 않을까요?

하지만 소리 높여 주장합니다. 사실 아프리카는 매우 풍족한 지역입니다. '아프리카'라고 한마디로 말해도, 그 광대한 대륙에는 여러 나라가 있으며, 당연히 국가와 위치에 따라 기후도 문화도 크게 다르며, 다양한 민족이 존재하고 있습니다. 일본인이 상상하고 있는 것 이상으로 다양한 토지입니다. 기독교뿐만 아니라 이슬람과 토착 종교 등 종교의 다양성은 동아시아 이상입니다. 또한, 북아프리카의 리비아와 모로코 등, 지중해 인접 국가는 일본인이 가진 아프리카의 일반적인 이미지와 다릅니다.

아프리카는 광물과 농산물 등 자연 자원의 보고입니다. 무역 회사 근무자 및 가전제품의 제조에 종사하는 분들은 잘 알고 계시리라 생각하지만, 스마트폰 제조에도 필수적인 광물이 묻혀있는 세계 유수의 귀중한 자원을 가진 대륙입니다.

다른 한편으로 아프리카의 국가 대부분은 빈부의 차이가 매우 크고 인프라 정비의 진행이 어려워, 신생아의 사망률이 높고 평균 수명도 짧은 등의 세계에서 가장 가난한 나라도 모여 있습니다. 그렇다면 왜 자원이 풍부한 아프리카가 빈곤과 내전으로 고통받고 있을까요?

그것은 과거의 구미 국가에 의한 식민지화로 인해 생산 및 판매의 루트가 해외 기업이나 국내의 소수의 기득권자에게 독점되는 구조가 확립되어 버렸기 때문입니다.

1960년대에는 여러 아프리카 나라가 종속되었던 나라에서 독립하는 붐이 일어났지만, 그 후, 40년 이상이 지나도 이러한 생산이나 판매 루트는 크게 바뀌지 않고, 식민지 시대와 마찬가지로 특정 기득권층이 그 부를 독점하는 형태로 되어 있습니다.

즉, 풍부한 부가 있어도 그것이 국민에게 고루 미치지 않고, 인프라, 교육, 의료에 투자되지 않는 구조입니다. 많은 선진국에서는 국민의 소득과 자산에 일부를 세금으로 일단 모아, 그것을 국가의 중요한 발전 계획에 따라 국민에게 재분배하는 구조로 되어 있습니다. 일본인이 공교육이나 고속도로, 도서관, 병원 등 공적인 서비스를 누릴 수 있고, 곤경에 처했을 때는 생활 보장을 받거나, 건강 보험에 의해 자기 부담이 실질적인 의료비 일부로 끝나는 것도, 이러한 구조가 기능하고 있기 때문입니다.

아프리카 국가에서는 이러한 사회 시스템이 구축되지 않은 것이, 빈곤과 내전에서 빠져나갈 수 없는 큰 원인이 되고 있습니다. 식민지화로 확립되어 버린 약탈의 구조가, 독립된 현재에도 변함없이 현지인들을 괴롭히고 있는 것입니다.

그런 고통스러운 사실이 일본에서는 거의 알려지지 않으므로 인해 발생한 장면을 일본의 모 프로그램에서 엿볼 수 있었던 적이 있었습니다. 그 프로그램에는 나이지리아 출신으로 격투가 겸 탤런트인 보비 오로곤 씨와 다른 아프리카 각국 출신의 외국인탤런트가 출연했습니다. 평소에는 어눌한 외국인을 연기하고 있는 그들은, 실은 각국의 엘리트이며, 영어나 부족어 외에 불어나 일본어까지 구사하는 우수한 사람들입니다.

제가 놀랐던 것은, 출신국이 서로 다른 그들이 불어를 사용하여 대화를 나눌 때, 출연자들이 그를 희화화하는 것으로 큰 웃음을 유발한 장면입니다. 매우 유감스러운 느낌을 받았습니다.

아프리카 국가들은 유럽 식민지화 정책에 의해 지배되었기 때문에 서로 다른 나라의 사람들이라도 종속되었던 국가의 언어로 말할 수 있다는 것은 전혀 웃음거리가 아닌 역사의 어두운 부분입니다. 이 무거운 사실이 안방극장에서는 웃음의 재료로 소비되고 있다는 자체가, 일본인이 세계의 상식을 얼마만큼 모르고 감각이 어긋나고 있는가를 표출하는 척도라고 강하게 느껴졌습니다.

## ✳ 맥킨지 앤 컴퍼니(McKinsey & Company, Inc.)의 '검은 비즈니스'

일본 서점에는 많은 비즈니스 책이 늘어서 있습니다만, 인기 도서 중에서는 미국의 유명 전략 컨설팅 팜인 McKinse & Company(이하 '맥킨지')의 출신자에 의한 저서가 적지 않습니다. 맥킨지 출신자들은, 열공 모드의 샐러리맨이나 의식을 고양하고자 하는 젊은이들로부터 절대적인 지지를 얻고 있어, 흡사 비즈니스계의 아이돌같이 취급합니다.

분명히 이 회사는 93년 동안 세계에 이름을 떨친 기업과 어깨를 나란히 하고, 톱 클래스의 두뇌를 가진 2만7천 명의 직원을 전 세계 거점에 고용하고 있는 미국을 대표하는 기업의 하나입니다. 아마도 깨끗하고 현대적이고 미국의 자유를 구현하는 듯한 이미지를 가진 사람도 많지 않을까요?

그런데 맥킨지 등 영어권의 주요 전략 컨설팅 팜은 이미지와는 상당히 다른 측면을 가지고 있는 것도 사실이며, 회사는 민간 기업뿐만 아니라 각국의 정부도 고객으로 삼는 것은 그다지 알려지지 않았습니다. 북미와 유럽에서는 세계 각 국가에서 사업을 전개하는 다국적 기업뿐만 아니라 중앙정부도 중요한 고객으로 포함되어 있습니다.

최근 화제가 된 것은 회사가 선진국 정부뿐만 아니라 신흥 국가를 대상으로 프로젝트를 전개하고 있다는 것입니다. 고객 국가는 중국, 사우디아라비아, 우크라이나 등 권위주의 국가이며, 그 중의 가장 부패한 정부 관계자도 포함되어 있습니다.

뉴욕타임스의 보도로 전 세계의 주목을 받은 것은, 맥킨지의 컨설턴트들이 중국 정부의 접대를 받고 있었던 것입니다. 실크로드의 중심지 카슈가르의 사막에서 낙타를 타고 신명 난 컨설턴트의 사진이 Instagram에 당당하게 게재되고 있었습니다.

그것은 마치 가벼운 패키지 투어에 참가하고 있는 듯하거나, 졸업 기념으로 배낭을 짊어지고 중국을 여행하는 대학생을 연상시키는 사진이었으며, 그 외에도 캠프파이어와 같은 모닥불을 둘러싸고 있는 사진도 있었습니다. 기탄없는 논의와 전략회의를 하는 사업가의 이미지는 전혀 없습니다.

그런데, 단 5킬로미터 정도 앞에는, 중국의 이슬람교도인 위구르 사람의 사상 개조를 목적으로 한 강제 수용소가 존재하고, 서방 미디어에 의하면 약 100만 명이 이러한 수용소에 구속되어 있다고 합니다. 그 사진을 찍은 직후, 중국 정부는 유엔에 인권 침해로 비난받고 석방을 요구받았습니다.

사실 미국 정부는 중국과 맥킨지의 관계를 이전부터 문제시하고 있습니다. 뉴욕타임스가 맥킨지 컨설턴트의 40명 이상을 인터뷰했을 무렵, 이 회사는 중국의 국유기업 100사 중 22사에 서비스를 제공한 적이 있으며, 그중에는 중국 정부의 중요한 전략에 관련된 프로젝트도 포함되어 있었다고 합니다.

또한, 맥킨지는 일본에서도 군사적으로 큰 문제가 되는 남중국해를 대상으로 하는 은행과의 프로젝트에도 참여하고 있습니다. 그에 더하여 맥킨지 고객에는 사우디아라비아도 포함되어 있고, 직접적인 고객은 무하마드 황태자입니다. 이 회사는 2011년부터 600개에 가까운 프로젝트를 제공하고 있지만, 그중에는 트위터에 사우디아라비아에 대한 부정적인 평가를 조사하는 것도 포함되어 있습니다.

이런 사업을 하고 있음에도 맥킨지는 뉴욕타임스의 보도에 대해서 "자사는 전 세계 고객에게 서비스를 제공하고 있으며, 저희의 목적은 지정학적인 상황을 개선하는 항법사(navigator)이기에 정치에 관여하지 않는다."라는 견해를 발표하고 있습니다. 그런데도 실제로 일하는 프로젝트에는 매우 정치적인 문제가 포함되고 있기에, 그렇게 단언하는 것은 꽤 냉엄하게 받아들일 상황이라는 생각이 듭니다.

우크라이나의 전 대통령인 빅토르 야누코비치는 국제 형사 경찰기구(ICPO)에 의해 공금 횡령 등의 혐의로 국제 지명수배되고 있습니다만, 맥킨지는 야누코비치 씨의 서방세계에서의 이미지 만들기 프로젝트에도 관여하고 있습니다.

그들의 이러한 일구이언하는 듯 보이는 직무수행은, 미국에 있어서는 미디어에만 한정되지 않고, 여론에서도 귀추를 주목하고 있습니다. 경제 잡지인 포브스에는 "매킨지는 글로벌 리더의 지위를 잃었다."라고 적혀 있습니다.

드래곤 볼의 손오공과 같은 헤어스타일을 가진 의식이 높은 시스템의 일본 젊은이들과 엑셀 프로그램의 매크로와 격투하면서 팩스로 주문표를 계속 보내고 있는 일본의 샐러리맨들은 맥킨지의 이러한 사실을 인지하고도, 그 회사 출신자들의 책을 머리맡에 두고, 매일같이 경배하는 마음으로 계속해서 읽어야 할까요?

## ✳ 일본인이 모르는 트럼프 대통령에 대한 의외의 평가

최근 몇 년 동안 세계적으로 가장 충격을 준 뉴스 중 하나는 트럼프 미국 대통령의 등장이 아닐까요?

일본에서는 지금 익숙하지 않은 트럼프 대통령이지만, 젊은이들이 다양한 비즈니스에 도전해, 트럼프가 합격인가 아닌가의 판단을 내리는 '애플렌티스'라고 하는 프로그램이 미국에서는 대단한 인기로 안방극장에서 모르는 사람은 없다는 정도의 유명인이었습니다.

1980년대부터, 반짝이 옷을 입은 부동산업자로 미국의 안방극장에서는 가십거리로 화제에 오르는 인물로, 이른바 '눈에 띄는 탤런트'와 같은 존재로서, 미국을 대표하는 프로레슬링 단체 WWE의 경기에서도 악덕 부동산업자로 자주 등장하고, 적대시하는 유명인이나 레슬러와의 머리 끄덩이 매치가 명물이 되어 있었을 정도입니다.

그런 사람이, 우등생으로 그려지는 오바마 다음 대통령이 된다니, 누가 상상이나 했을까요? 그렇지만 미국의 조사업체 '갤럽'에 의하면, 트럼프 대통령 취임 3년째의 2019년 4월의 지지율은 무려 46%로, 재직 중의 평균은 40%입니다. 같은 시기 오바마는 44%, 클린턴은 48%이므로 역대 대통령들과 큰 차이는 없습니다. 눈에 띄는 탤런트였던 트럼프 대통령은 냉전 시대에 인기 있었던 레이건의 42%보다 지지율이 높습니다.

- 미국 대통령 취임 3년 차 역대 지지율

| | | |
|---|---|---|
| 도널드 트럼프 | 46% | 2019년 4월 |
| 버락 오바마 | 44% | 2011년 4월 |
| 조지 W. 부시 | 70% | 2003년 4월 |
| 빌 클린턴 | 48% | 1995년 4월 |
| 조지 H. W. 부시 | 79% | 1991년 4월 |
| 로널드 레이건 | 42% | 1983년 4월 |
| 지미 카터 | 40% | 1979년 4월 |
| 리처드 닉슨 | 50% | 1971년 4월 |
| 존 F. 케네디 | 66% | 1963년 4월 |
| 드와이트 D. 아이젠하워 | 70% | 1955년 4월 |

서민이 많은 지역이나 교외에서 자란 사람이라면 트럼프 대통령의 탄생을 예측하는 것이 어렵지 않았을지도 모릅니다. 그리고 현 지지율은 미국의 서민을 둘러싼 경제환경의 변화를 구체적으로 들여다보면 잘 알 수 있습니다.

트럼프 대통령을 지지하는 유권자들은 미국 인구의 절반에 가깝습니다. 트럼프 지지자를 비판하는 사람들이 생각하는 것처럼, 대부분이 저변층이라고 볼 수도 없습니다. 지지자 중에는 공무원이나 중류층의 사람들도 많고, 결코 교육 수준이 낮지 않습니다. 이러한 중류층 사람들과 미국의 평범한 도시에서 평범하게 회사에서 일하고 있습니다. 이와 같은 사람들의 삶은 최근 몇 년 동안 상당히 힘겨워지고 있습니다.

미국의 연구 기관 'Pew Research Center'의 조사에 의하면, 중류 가정의 비율은 1971년의 61%에서 2015년에는 52%로 감소하는 등, 지난 40년 동안에 걸쳐 축소 경향에 있습니다. 한편 하류층은 25%에서 29%로 확대되고, 상류층은 14%에서 19%로 증가하고 있습니다. 즉, 중류에서 상류로 올라간 사람이 있다면 하류로 떨어지는 사람도 증가하고 있습니다.


## ✳ 소득 격차가 격화일로에 있는 미국

정보 통신 기술과 물류의 발달로 지금까지 미국의 교외 지역과 지방에 많이 있었던 제조직과 소위 일반적인 사람들을 위한 사무직은 더욱 임금이 싼 해외에 위탁되는 사례가 증가하고 있습니다.

화이트칼라에게 요구되는 기술이 점점 전문적이고 고도화되어 높은 보상을 얻게 되는 일은 금융이나 IT 등 상당히 전문성이 높은 업무로 좁혀지고 있습니다. 한편, 한때는 종신 고용을 보장하였던 제조업과 사무직의 일은 격감하거나 해외에 업무를 위탁하게 된 후, 안정된 중류층의 일은 줄어들기만 합니다.

지금까지 중류였던 사람들은 하류로 전락하는 것을 매우 두려워합니다. 미국은 넓어서 지방에 사는 경우 물가가 높은 대도시로 이사하여 일을 얻거나 새로운 기술을 습득하기는 쉽지 않습니다. 실리콘밸리는 이러한 격차의 확대를 상징하는 상황을 연출합니다. 1997년 이후 경제 확대를 계속하고 있는 캘리포니아에서는 전체 임금은 내려가고 있는데 최상층 10%의 임금은 상승하고 있습니다.

임금 상승의 대부분은 IT 계열의 기업으로 개발·연구직을 확보하기 위해 임금을 끌어 올리고 있습니다. 결과적으로 중류층·하류층과의 임금 격차는 벌어져가기만 합니다.

예를 들어, 캘리포니아의 가장 임금이 높은 지역에서 보수의 중간치는 연수 약 2억 원입니다. 미국 연방 정부는 샌프란시스코에서 부부와 아이 둘인 4인 가족의 가정에서 연 수입 11만7400달러 이하는 '저소득자 가정'으로 정의하고 있습니다. 환산하면 1억3천만 원 정도입니다. 무려 1억3천만 원으로 저소득으로 분류되는 것에 놀랄 것 같지만, 연 2,500만 원으로 수도권에 거주해 가족 4명을 기르는 감각입니다.

또한, 테크 기업의 상장으로 인해 임대료가 상승하는 문제도 서민의 삶을 괴롭히고 있는 요인이 되고 있습니다. 미국의 부동산 정보 사이트 'Zumper'의 조사 데이터에 의하면, 샌프란시스코 주변에서는 2019년 2월 에어비앤비(Airbnb), 우버(Uber), 리프트(Lyft)와 같은 테크 기업의 상장으로, 부동산 임대료가 작년 동시기보다 9% 가까이 급등했다고 합니다. 원룸(1DK, 1LDK 상당)의 집세의 평균치가 월 3,690달러(약 401만 원)로 믿을 수 없는 가격으로 급등하고 있습니다. 이것은 뉴욕보다 30% 높고, 마이애미의 두 배입니다. 아마존과 마이크로소프트가 본사를 둔 시애틀의 원룸의 집세 평균은 1,970달러(약 201만 원)이므로, 샌프란시스코 주변의 부동산 가격과 물가고가 얼마나 이상한가를 알 수 있습니다.

이처럼 빈부의 차이가 크게 벌어지고 있는 미국에서는 일본과 같은 공공의 건강 보험이 존재하지 않는 것과 같은 상황이므로 대부분 사람은 민간의 고액 보험에 들어야 합니다. 국민연금도 큰 금액이 아니기 때문에 어린 시절부터 개인연금에 투자하거나 동산이나 주식을 매입해 두거나 노후 자금을 대비하고 있습니다. 그것이 불가능한 빈곤층에게는 매우 엄혹하고 가난한 노후가 기다리고 있습니다.

리먼쇼크와 같은 세계 금융 위기가 미국의 워킹 푸어(근로 빈곤층)에 어떠한 영향을 미치고 있는가에 대해 3년간 취재한 미국인 기자의 제시카 블루의 저서 '노마드 랜드(WW Norton & Co Inc.)'에는, 은퇴하지 않고 노마드 워커(유목민)로서 살아남는 노인의 가혹한 현실이 묘사되어 있습니다.

그들은 충분한 노후 자금이 없거나 리먼쇼크로 재산을 잃어버려, 차

박을 하면서 아마존의 창고나 주차장 정리 등의 육체노동을 찾아 미국 여기저기를 떠도는 노인들입니다. 의지할 연금이나 자산이 없으므로 늙은 몸을 이끌고 일할 수밖에 없습니다.

아마존의 창고 노동자에게는 이러한 은퇴 할 수 없는 노인이나 20대 초반의 젊은이가 많고, 노인들은 중류 계급의 백인이 약 95%를 차지하고 80대 노동자도 있다는 충격적인 내용이 기록되어 있습니다. 고령자는 열심히 일하고 시간에 정확하므로 채용되기 쉽습니다만, 하루에 20km 이상 걷는 등의 고된 일에 시달리다 익숙하지 않은 땅에서 사망하는 사례도 있다고 합니다.


## ✵ 미국인 대부분이 빈곤층이라는 현실

미국의 금융 관련 정보 사이트 'GOBankingRates'의 2017년의 조사 결과에 의하면, 미국의 18세 이상의 성인 절반 이상이 1,000달러 이하의 저축밖에 없고 은퇴하기에 충분한 자산을 가진 사람은 매우 적습니다. 이러한 어려운 경제환경에 놓인 미국의 일반시민 중에서는 인종과 성별, 민족 등에 의한 편견과 차별을 방지하는 정치적 올바름이라는 개념, 소위 '폴리티컬 코렉트니스(Political correctness, 약칭: 폴리콜레)'에 대한 반발이 눈에 띄기 시작하고 있습니다.

과격파에 피살된 영국의 하원 의원 조 콕스(Jo Cox) 씨를 기념하여 설립된 조직 'More in Common'이 발표한 보고서 'Hidden Tribes'에 의하면, 80%의 미국인은 폴리콜레에 지쳐서 미국을 이상하게 만들고 있다고 생각합니다. 젊은 사람들은 74%의 비율로 폴리콜레에 불쾌감을 느끼고 있습니다.

25%의 미국인은 보수파이며, 선진적인 혁신파는 8%에 불과하고 나머지 3분의 2는 어떠한 정치적 신념에도 속하지 않는 사람들입니다. 그들이 일상생활과 과격한 정치적 주장에 국가가 분단되는 것에 지쳐가고 있다고 합니다. 전체의 80%는 폴리콜레에 반대입니다.

이것은 인종적 소수파도 마찬가지이며, 아시아계, 히스패닉계, 아프리카계에서 폴리콜레가 지나치다고 생각하고 있는 사람은 80% 전후로, 백인보다 저항감이 있는 사람이 많다고 합니다.

그리고 인구의 다수를 차지하는 연 수입 5만 달러(약 오천만 원 초반) 이하의 사람 중 83%가 폴리콜레에 반대하고, 연 수입 10만 달러 이상이면 70%로 감소하고, 87%의 고졸 이하의 학력의 사람은 폴리콜레에 반대입니다만, 석사 학위 이상의 사람은 66%라 하는 것도 흥미로운 통계입니다.

즉, 어려운 경제 상황에서 궁핍한 생활에 처해있는 자신의 생활 개선에 직결되지 않는 '정치적 올바름' 등을 돌려, 말만 번드르르하게 하고 상층부만을 취하는 정치에, 혐오하는 사람이 넘친다는 증거입니다.

게다가 이 경향은 미국에서 개혁파와 결별하는 사람들이 늘고 있는 것의 상징이 되고 있습니다. Twitter와 Instagram에서 2018년에 화제가 된 '워크 어웨이 운동'에서는 그때까지 개혁파였던 사람들이 그 실태에 환멸을 느껴 보수파가 되는 사례가 뒤를 잇는 현상이 일어났습니다. 일반인들이 안고 있는 문제와 생활 레벨의 향상을 무시하는 개혁파에 지쳐있다고 주장하는 사람이 잇달아 등장했습니다.

경제환경이 점점 더 힘들어지는 와중에 매우 평범한 삶을 사는 중류층 사람들이 '자신도 하류로 내려앉는 것은 아닐까?'라는 우려 속에서 살아가는 것이 지금의 미국입니다. 개혁파와 좌파인 부유층이 입으로만 하는 깨끗한 정치에 지쳐있는 사람들에게는 트럼프 대통령의 명확한 이야기와 미국의 일반 국민의 고용을 지켜낸다는 강력한 말에 반대하는 이유는 어디에도 없습니다. 대다수 말이 없는 유권자가 걱정되는 것은 주택담보대출 문제와 아이들에게 배불리 먹일 수 있는지고, 정치적 올바름이나 불법 이민을 지원하는 것이 아닙니다.

이러한 '평범한 삶을 사는 사람들'에게 TV에서 방영되는 WWE(미국 프로레슬링)의 연기가 가미된 시합을 가족과 친구들과 함께 왁자지껄 떠들며 경기를 감상하는 것은 무엇보다 즐거운 시간입니다. 건강 보험을 낼 수 없게 되는 불안이나 공포로부터 해방되는 한때입니다. 그런 WWE의 레스링에서 싸우는 레슬러 중 하나인 ASUKA 씨라는 일본인 여자 레슬러가 있습니다. 예술적인 의상을 입고 뛰어난 힘과 기술을 보여주는 ASUKA 씨의 팬은 많고, 전미를 열광시키고 있습니다.

트럼프 대통령을 지지하는 사람들은 인종차별주의여서 배외적(排外的)이라는 것은 아니고, 단지 자신들의 생활을 지키고 싶다는 극히 보통의 소원을 품고 있는 것에 불과합니다.

## ✳ 런던에서는 백인인 영국인이 소수파

여러분은 영국의 수도 런던에 어떤 이미지를 가지고 있습니까? 주민 대부분은 BBC 드라마 「셜록」에서 주인공 셜록 홈스를 연기하는 Jin Benedict Camberbatch와 같은 키 크고 깔끔한 얼굴의 백인으로 우아한 악센트의 영어를 구사하는 신사라고 생각하고 있는 일본인이 대다수를 차지하지는 않을까요?

모두가 아쿠아스큐텀 트렌치코트와 버버리를 입고, 발에는 현지 공방에서 제조한 고가의 수제 가죽구두, 자동차는 애스턴 마틴이고 정시에 일을 마치면 팝에 출몰하여 조금 세련된 농담과 아이러니한 발언으로 비꼬고, 침실이 6개나 7개나 있는 큰 집은 영화 '패딩턴'에 등장하는 집처럼 크림색과 약간의 고풍스러움으로 깨끗하게 장식되어 있다고 생각하겠지요?

애니메이션 팬이라면, 런던의 대부분 사람이 애니메이션 '금색 모자이크'에 등장한 멋진 단독주택에 살며, 금발 머리의 부부가 꽃무늬 식탁보와 커튼으로 둘러싸여, 연한 자색의 커버가 걸린 푹신푹신한 패브릭 소파에 앉아, 엣지우드의 다기 세트와 스콘으로 오후의 홍차를 즐기는 것이 일상이라고 생각하는 분들이 있겠지요?

그런데 런던을 실제로 방문해 보면, '있어야 할 영국'이 거기에 존재하지 않는 것에 놀라게 될 것입니다. 드라마 '명탐정 포와로'에 나오는 하얀 벽의 전통적인 영국 주택은 거의 없으며, 대신에 터키식의 케밥 가게나 인도계의 점주가 운영하는 잡화점입니다. 가게 앞에는 양동이와 뚫어뻥, 배터리 및 먼지투성이의 파일이 자리가 비좁다는 듯이 차지하고 있어, 왠지 모르게 네팔과 파키스탄의 마을에 온 것 같은 감각에 빠져버립니다. 백패커로 네팔을 어슬렁거리는 것 같은 자신은, 학생 시절이 돌아온 듯해 그때가 매우 그리워질 것입니다.

일본에서는 사라진, 담배나 빵, 세제, 철물…. 그런 무엇이든 팔고 있을 것 같은 잡화점(만물상), 담배 가게, 철물 가게, 전기 가게 등이 처마를 이어가며 인도, 파키스탄, 터키의 독특한 스타일로 관리됩니다. 손님은 백인 영국인에서 토고인, 나이지리아인, 리투아니아인, 인도네시아인 등으로 이 또한 다양합니다.

마켓에 가면 드로어즈와 거대한 피부색 브래지어를 아제르바이잔 사람들이 매대에 올려 팔고 있습니다. 생선 가게를 운영하는 것은 폴란드인과 파키스탄인이며, 중국인이 영업하는 채소 포장마차에서 자메이카인 할머니가 오크라(okra)를 사고 그 옆에 알바니아인이 경영하는 포장마차에서 무와 얌(yam)을 팔고 있는 것입니다.

거리에는 영국의 전통 요리인 미트파이와 장어 젤리 모둠, 플라이 업(소시지나 해시포테이토를 기름으로 볶은 전통식)을 내놓는 가게는 보이지 않지만, 자메이카 저크 치킨(Jerk chicken), 인도 카레, 타이 카레, 베트남포, 폴란드 케이크, 중국 요리, 그리스 요리, 로마식 피자, 페루 요리를 내는 가게가 즐비하게 늘어서 있습니다. 이젠 노동자 계급의 백인 영국인이 다니던 '커프(옛날식 식당)'는 거의 보이지 않습니다.

# ✳ 영국 전국에 '국외에서 태어난 백인이 아닌' 인종이 급증

　　　　　런던의 중심부에는 어린이 전문 병원인 '그레이트 오스몬드 스트리트 병원'이라는 세계적으로 유명한 국립 병원이 있습니다. 영국에서는 NHS(National Health Service)라는 국민의료제도 덕분에 기본적으로 의료비는 무료입니다. 그러나 국가로부터의 의료 예산은 제한되어 있으므로 병원의 독자적인 재원을 확보하기 위해 중동과 인도로부터 사비로 치료가 어려운 환자를 많이 받아들이고 있습니다. 얼마의 치료비를 청구하고 있는지는 일체 공개되지 않고 있습니다.

　사비로 오는 외국 환자가 입원하는 병동은 일반 환자와는 별개이며, 엘리베이터의 안내로부터 접수까지 아랍어나 인도 남부의 언어로 쓰여 있습니다. 아랍계가 많은 플로어에서는 영어를 사용하는 스태프가 없으며, 아랍어만 통합니다. 곁에서 돌보는 친족을 위한 대기실에는 아랍어 여성 잡지가 놓여 있습니다. 제가 보호자로 머물렀을 때는 아랍인 미남의 사진을 세련되게 바라보기도 했습니다. 환자도 외국인이라면 의사나 의료 스태프의 대부분도 외국인, 병원에 갈 때까지 역에서 타는 택시와 우버를 운전하는 것도 역시 이방인입니다.

　런던은 뉴욕이나 토론토 이상의 다민족이며 베네딕트 컴버배치 씨와 같은 백인 영국인은 더 이상 주류(majority)가 아닙니다. 이러한 다국적 인종이 모여 있는 런던에서 2011년의 인구 조사에서 인구의 40% 가까이가 영국 태생의 외국인이라는 통계가 나왔습니다. 런던의 백인 영국인은 44.9%입니다. 런던의 학교에서 말하는 언어는 300개 이상입니다.

2001년부터 2011년 사이에 런던 중심부에서 교외나 런던 외곽으로 많은 백인이 이주했습니다. 가장 감소율이 높았던 것은 동부의 도시 뉴햄은 34%에서 17%로 감소, 마찬가지로 동부의 바킹 및 런던 교외의 도시 슬라우는 30%를 넘었습니다. 런던 중심부의 곳곳에서 백인 인구가 감소하고, 2011년의 인구 조사에서는 44.9%라는 조사 결과가 나왔습니다. 백인들은 교외와 다른 카운티로 이동하여 같은 시기의 영국 전국에서도 런던에서도 감소하고 있었던 것입니다.

2001년에는 바킹과 대거넘의 거주자 80%는 백인이었지만, 단 10년 만에 49%까지 감소했습니다. 이 지역은 원래 백인 서민이 사는 전형적인 번화가였고, 많은 이들은 포드 공장에서 일했지만 공장 폐쇄에 의한 구조조정으로 보상금을 받았고, 부동산 가격의 급격한 상승으로 교외의 더 넓은 집으로 이사하는 사람이 증가했습니다. 백인 노동자 계급이 소멸하고 있어서, 런던 명물인 동런던 번화가의 혼잡도는 지금은 풍전등화의 상태입니다.

런던뿐만 아니라 영국 전역에서 '외국 출생이고 백인이 아닌' 인종이 극단적으로 늘어나고 있으며, 2066년까지 '영국 태생의 백인'은 소수파가 될 것으로 예측됩니다.

이처럼 사회가 변모하여 자신들이 소수파가 되는 상황을 베네딕트 컴버배치 씨와 같은 영국 신사들은 어떻게 느끼고 있을까요? 더는 주류라고 할 수 없습니다.

영국 전통 요리 '장어 젤리 모둠'이 등장하는 장소는 줄었지만, 술집에서 카레와 타파스가 나오고 영국식의 라거에 맞는 식사가 늘어난 것은 실로 기쁜 일로 생각하고 있을지도 모릅니다.

어쨌든 런던에서 백인이 급감한 최근 20년 정도로 영국의 레스토랑은 다양화되어, TV에는 요리 프로그램이 늘어나고, 슈퍼에는 그리스 요리나 터키 요리가 진열되어 관광객도 음식의 다양성을 크게 즐길 수 있게 되었습니다.

Brexit(영국의 EU 이탈) 문제와 상관없이 런던 여행자는 계속 느는 경향이고, 신생 기업 창업자들이 미식가인 경우, 비즈니스를 전개하는 장소로써도 매우 매력적인 도시가 되어 가고 있습니다.


## ✳ 이민 문제로 흔들리는 스웨덴

일본인의 상상 속의 스웨덴이란, 조금 나이가 있고 서양 음악을 좋아하는 사람이라면 '유럽'이라는 밴드를 떠올릴 것이며 대다수의 사람에게는 긴 머리에 파란 눈을 가진 약간 매력적인 여자와 잘생긴 남자가 많고 피카(Fika, 커피타임)를 사이에 두고 일하는 북유럽 유토피아라는 이미지가 아닐까요? 그런데 '유럽'은 밴드 이름을 '스칸디나비아'로 바꿔야 한다는 지적을, 이 자리를 빌려 언급하고자 합니다.

그러한 스웨덴이지만, 최근 몇 년은 이민 문제로 고민하고 있습니다. 2018년의 여론조사에서는 스웨덴인의 과반수가 이민자 삭감을 희망하고 있습니다. 이민자를 줄이거나 제로로 설정하기를 원하는 비율이 52%, 현 상태 유지를 희망하는 쪽이 33% 증가를 희망하는 쪽이 14%로 삭감을 원하는 의견이 압도적으로 강했습니다. 이 추세는 다른 유럽 주요 국가에서도 비슷하며, 삭감 의견은 그리스가 82%, 헝가리 72%, 이탈리아 71%입니다. 경제적으로 어려운 나라일수록 이민에 반대하고 있는 것을 알 수 있습니다.

게다가 이 경향은 유권자의 민의로 표출됩니다. 최근 스웨덴 총선에서는 이민 배척을 대대적으로 주장하는 우파가 의석을 크게 늘려, 커다란 화제가 되고 있습니다.

이민에 의한 경제 효과 등, 지금까지의 스웨덴이라면 긍정적으로 다루어져 온 것은 화제가 되지 않고, 동네의 포스터에는 배척 분위기가 높다는 것뿐이고, 이러한 불관용은 전혀 스웨덴답지 않고 놀라운 변화라고 할 수 있습니다. Spotify와 Skype를 생산하는 등 스웨덴에서는 이민자에 의해 기술 분야가 지탱되는 부분도 있어, 원래 이민자에게는 긍정적인 이미지를 가지고 있었는데 말입니다.

스웨덴의 극우화는 최근 EU가 격변한다는 것을 상징합니다. 스웨덴은 EU 국가 중에서 인구 한 명당 가장 많은 난민을 받아 들여왔습니다.

앞에서 언급했던 총선의 결과가 나타내는 바와 같이, 그 반대 세력인 극우 정당이 표를 크게 늘리고 있습니다. 이 경향은 EU 전역에 퍼져나가고 있으며, 서쪽에서는 스웨덴이, 동쪽에서는 헝가리가 선두를 달리고 있습니다. Brexit와 마찬가지로 무책임한 이민 정책과 경제 정책 때문에, 유권자는 좌우 양쪽 기득권 정당에 등을 돌리고 다른 선택지를 주는 극우나 포퓰리스트를 지지하고 있습니다. 그러나 이민 반대론자는 결코 전원이 강경한 인종차별주의자나 배외주의자(排外主義者)라는 것은 아닙니다. 대부분은 변화를 두려워하는 매우 평범한 사람들입니다.

유럽 사회는 시민사회와 민주주의의 이념 때문에 19세기부터 인종 동태의 변화에 눈을 감아 왔습니다. 현대에서 유럽 대륙 국가는 국경을 명확히 하기 위해 민족성을 정의하는 것이 불가피했지만, 사실 다양한 모순이 있었다고 언급할 수밖에 없습니다.

그러나 최근 몇 년 동안 급격한 인종 동태의 변화는 많은 이들이 사회 변모에 불안을 겪는 원인이 되는 것도 사실입니다. 게다가, 유럽은 세계에서 가장 이민에 대한 의견이 양극화되는 지역입니다.

유럽의 한 조사 기관이 2002년과 2017년의 대규모 조사 결과를 비교한 결과, 지역에서는 이민자에게 긍정적인 이미지를 가지고 있는 사람들이 많으며, 특히 규모가 작은 북유럽 국가에서는 "이민은 다양성을 높여 경제를 강하게 한다."라고 대답하는 사람이 과반수였습니다.

그런데 남쪽으로 올수록 그 의식은 변화합니다. 특히 독일과 헝가리는 2002년과는 크게 바뀌어 이민 유해론을 주장하는 사람이 급증하고, 사회가 두 갈래로 갈라지고 있습니다. 일본인 대부분은 유럽은 자유로운 가치관이 지배하는 땅이며 온건한 사람이 많지 않을까, 그렇기에 이민을 점점 받아들이고 있을 것이라고 착각할 것입니다. 그러나 요즈음, 나라가 2개로 갈라지는 상황이 되는 나라가 많아, 북미나 오세아니아와 비교해 상당히 어려운 상황이 되는 것이 본 모습입니다.

## ✳ 이민자 수를 늘려가는 캐나다

캐나다는 옛날부터 정치적으로는 매우 자유로운 나라입니다. 흥미로운 점은 미국과 국경 맞대고 있는 나라임에도 불구하고 정치적 자세는 미국과는 상당히 다르며, 굳이 구분한다면 사회민주주의적인 사고방식이 강한 나라라는 것입니다.

예를 들어, 캐나다는 미국과 달리 전반적으로 공교육 수준은 그리 나쁘지 않습니다. 저의 남편 친구 중에는 캐나다에 이민한 잉글랜드와 스코틀랜드인이 몇 명 있습니다만, 대도시이든 일반적인 주거 지역이든 공립학교에 큰 문제가 없으므로, 걱정 없이 아이들은 통학하고 있는 것 같습니다.

이것이 미국과 영국의 대도시가 되면 높은 수준의 공립학교에 다닌다는 것 자체는 부동산이나 고정자산세가 높은 학군에 살아야 하며, 당연히 경제적인 여유가 있는 가정만이 얻을 수 있는 옵션이 되어 버립니다.

미국의 교육 수준이 높은 학교와 낮은 학교의 격차는 일본에서는 상상할 수 없습니다만, 저는 미국 남부에 살았을 때 그것을 목격했습니다. 저변의 공립학교에서는 학교 주차장에 마약 판매자가 서성이거나 일본처럼 심리적인 왕따가 아닌 폭력이나 총에 의해 죽음을 맞이하는 것도 전혀 드물지 않습니다.

또한, 캐나다에는 영국 국민건강보험에 가까운 시스템이 있으므로 미국처럼 개개인이 고액의 민간의료보험에 들 필요가 없는 것도, 대서특필해야 할 포인트입니다. 미국의 이웃 국가이지만, 어느 쪽이냐 하면 영국과 유럽 대륙의 사회 구조에 가까운 나라라고 할 수 있습니다.

앞서 언급했듯이 요즘 어느 나라에서나 부정적인 이민 문제이지만 캐나다에서는 어떨까요? 이웃 나라의 미국에서는 트럼프 대통령이 미국과 멕시코 사이에 장벽을 만들겠다고 반복적으로 선언하고 있으며, EU에서는 시리아 난민의 수용이 중차대한 정치적 문제가 되고 있습니다. 비즈니스 뉴스 사이트 'Business Insider'에 따르면, 2018년 미국의 난민 수용자 수는 2만249명이며, 지난 40년 동안 최소수준입니다. 수락하는 상한선은 4만5천 명이었지만 실제 수용자 수는 절반도 채우지 못했습니다.

그런 상황에서, 캐나다는 이 나라들과는 정반대의 방향으로 나아가고 있습니다. 이민과 난민 수용에 크게 열려 있어, 세계경제포럼에 따르면 2017년 수용자 수는 4만4천 명입니다. 게다가 2019년부터 3년간에 백만 명의 이민을 받아들일 예정으로, 2021년의 수용 목표 수는 무려 6만4천5백 명입니다.

그 절반 정도는 캐나다 정부가 발표하고 있는 '부족한 기능직'으로 기술이나 경험을 가진 사람이며, 숙련 노동자와 고급 기술직입니다. 가족 초빙은 35% 정도로, 다른 선진국에 비해 상당히 적은 인원수입니다. 이 수용은 캐나다 특유의 사정과 관련이 있습니다.

인구가 적은 데다 고령화가 진행되고 있는 것, 게다가 한랭지라는 것이 더해져서 좋은 조건임에도 불구하고 기술을 가진 인력이 부족하므로 세계 각국에서 가능한 한 인재를 받아들이고 싶다는 의향이 기초가 되고 있습니다.

주목하고 싶은 것은 세계경제포럼이 발행한 보고서 'The Global Competitiveness Report 2018'에 의하면 캐나다는 일하는 사람들의 다양성이 세계에서 가장 높은 나라이며, 거시경제 정책이 세계에서 가장 잘되고 있는 나라 중 하나라는 것입니다.

다른 나라가 이민을 반대하고, 난민을 수용하지 않는 방향으로 나아가고 있음에도 불구하고 전혀 정반대를 가는 캐나다. 그 경제 상황이 좋고 노동의 다양화에도 성공하고 있다는 것은, 가히 흥미로운 점이 아닐 수 없습니다.

제2장

# 세계의 ‘상식’에 무지한 일본인

## ✳ 일본인이 모르는 의외의 친일 국가는…

　　　　　세계에는 일본인이 모르는 친일 국가가 다수 존재합니다. 터키와 대만 등은 일본의 버라이어티 프로그램 등에서 잘 다루어지는 유명한 친일 국가, 하지만 그 이외에도 일본인에게 엄청나게 친숙함을 느끼고 있는 나라는 의외로 존재한다는 것입니다. 그 전형적인 예로써 볼리비아나 파라과이 등 남미에 있는 여러 나라의 예를 들어 보겠습니다.

　19세기부터 20세기에 걸쳐 남미 국가에는 수많은 일본인이 이민으로 건너갔습니다. 이민자의 대부분은 정글을 개척하고 밭을 경작하는 등 힘든 중노동으로 그 나라에 공헌, 그리고 그들의 아이들은 고등교육을 받고 변호사나 사회자 등 전문직이 된 사람도 많습니다. 또한, 비즈니스로 성공하는 등 현지에서는 크게 존경받는 일본인도 적지 않습니다.

한편으로, 일본에 있는 일본인에게는 볼리비아나 파라과이는 미지의 나라입니다. 볼리비아라는 나라는 표고가 매우 높은 지역입니다. 그중에서도 특히 고도가 높은 산악지대가 있는가 하면 고원으로 구성된 지대, 아열대 기후의 지대도 있는 등 지형은 변화무쌍합니다. 버스나 철도교통이 발달하지 않는 것도 있어, 주된 이동 수단은 자동차입니다.

그런데도 기후변화가 심하고 도로가 없는 장소가 많기에 이동하는 차량에는 기동력이나 수리의 용이성 등 절대적인 신뢰성이 없으면 곤란합니다.

거기서 볼리비아에서 맹활약하고 있는 것이 일본산 오프로드 차량이나 트럭입니다. 여타 국가의 차량에 비해 일본 차는 고장이 적고, 고객 서비스를 제대로 대처하고 있기에, 많은 의지가 되고 있습니다. 제 친지가 일본의 모 자동차 기업에서 일하고 있습니다만, 엔진 등에 조금이라도 문제가 의심되는 부분이 있으면 해외 고객의 보고나, 고장 사례를 세세하게 분석·검증한다고 합니다. 필요한 경우 현지 수리를 확실하게 의뢰합니다.

이것이 다른 나라 업체에서는 보고가 올라오더라도 그 내용을 기록하는 것을 잊어버리거나 현지의 사람과 협력해야 할 부분을 소홀히 하여 문제가 발생하곤 합니다. 그러므로 일본인의 꼼꼼함은 매우 존경받고 있습니다.

고객으로서는 발이 되는 차가 없으면 생사의 문제이므로 진지하고 신뢰성이 높은 국가의 제품과 서비스를 선호하는 것은 당연지사입니다. 그리고 궁지에 몰렸을 때 훌륭한 서비스를 받으면, 그 나라의 커다란 팬이 되는 것도 자연스러운 섭리일 것입니다. 이는 땅이 매우 넓은 파라과이에서도 같은 경향입니다. 그것은 남미에만 국한되지 않고, 아프가니스탄이나 파키스탄 등에서도 험로에서 견딜 수 있는 것은 도요타의 픽업트럭이나 이스즈의 트럭이며, 보츠와나와 튀니지에서도 도로에서 보이는 것은 일본의 자동차 업체가 제작한 디젤 엔진 자동차나 트럭이기도 합니다. 이렇게 신뢰성이 높은 일본제 자동차의 수요는 매우 높은 수준입니다.

많은 일본인은 '일본 제품'이라면 가전제품을 상상하기 쉽지만, 최근에는 해외에서 판매 동향이 저조하고, 일본의 지위가 떨어지고 있다는 이미지를 가지고 있을 것입니다. 그것은 어떤 의미에서는 사실이지만 일상생활의 편의성과 비즈니스 연속성에 있어서 가장 중요한 것은 자동차, 이동 수단, 발동기 등입니다. 때에 따라서는 생활을 좌지우지하기 때문에, 역시 신뢰성이 있는 상품을 우선시합니다. 그 중요성은 TV와 휴대전화보다 훨씬 높아져 이러한 생명에 관련된 제품을 만들어 온 일본 기업은, 어떤 면에서는 일본 외교관의 수백 배, 수천 배의 일을 하고 있다고 말할 수 있을 것입니다. 고품질의 제품을 만들어 해외 고객에게 도움이 되면 '일본은 대단하다!' 소리 높여 자화자찬하지 않아도 됩니다.

## ✳ 유엔(UN)은 하수구 청소로 다투는 반상회

저는 유엔(국제연합)의 전문 기관 중 한 곳에서 전문직 사무원으로 근무했습니다. 유엔은 본부에서 열리는 안전보장이사회의 같은 이미지가 강할 수 있지만 모두가 그렇지 않고 다양한 전문 기관으로 구성되어 성립되는 관료기구입니다. 직원은 약 5만 명으로 실은 도쿄도(東京都)보다 적은 예산으로 운영되고 있습니다. 개략적인 규모는 우리의 각 도청과 같은 이미지입니다. 일본인 중 다수는 '유엔이 세계의 정부가 아닌가?', '세계에서 가장 위엄 있는 조직이 아닐까?' 착각하고 있는 것 같습니다만, 그 실태는 단순한 반상회에서의 교제와 큰 차이가 없습니다.

여기서 국제 연합과 반상회 교제와의 공통점을 고려해 보겠습니다.

- 반상회 교제의 특징
  - 구성원은 상식도 문화도 인내성도 제각각.
  - 항상 회비를 늦게 내는 사람이 있다.
  - 항상 돈이 부족하다.
  - 역할 당번이 있다.
  - 구분 짓고 싶어 하는 노인이 있다.
  - 직책은 일단 정해져 있지만, 회사와 같은 조직과 비교하면 명령 계통이 모호하여 힘들다.
  - 구성원이 좀처럼 바뀌지 않는다.
  - 집의 크기나 돈의 유무와 관계없이, 투표권은 1인 1표.
  - 하수구 청소와 같은 행사가 있다.
  - 회보는 아무도 읽지 않음.
  - 참여하지 않으면 쓰레기 수집 장소를 사용할 수 없다.
  - 소수에 대한 냉대.
  - 모두 진짜는 그만두고 싶다.

이것을 유엔에 적용하면 다음과 같습니다(외무 관계자 여러분, 화내지 마세요?!)

- 유엔의 특징
    - 구성원은 상식도 문화도 인내성도 제각각.
    - 항상 회비를 늦게 내는 사람이 있다.
    - 항상 돈이 부족하다.
    - 구분하고 싶어서 실권을 쥐고 있는 '거대'한 나라가 있다.
    - 평화유지군이나 회의장의 비가 새는 곳의 수리 등은 '왠지 모를' 역할이 정해져 있다.
    - 결정한 일이나 역할에 강제력이 없어서 다툼이 벌어진다.
    - 구성원이 좀처럼 바뀌지 않는다.
    - 나라의 크기나 풍부함과 관계없이, 한 나라당 한 표.
    - 총회나 각종 회의에 스포츠 대회 등의 행사가 따라옴.
    - 보고서는 별로 읽지 않음.
    - 참가하지 않으면 다양한 약정으로 곤란함.
    - 모두 진짜는 그만두고 싶다.

기본적으로 유엔은 세계 정부도 아무것도 아니며, 2차 세계 대전에서 이긴 나라와 패한 나라 양측이 모여서 다시는 전쟁이 일어나지 않게 하려고 모인 회의체입니다. 국제연합(The United Nations)이라는 이름은 '연계'를 의미하는 United와, '국가'를 의미하는 Nations라는 단어로 이루어져 있습니다. 요컨대, 다양한 국가와 연합국의 모임임을 알 수 있습니다. 그건 그렇고, 연합국은 바로 2차 세계 대전 중의 연합체 이며, 일본이나 독일은 그 적국에 해당합니다.

## ✳ 유엔의 책무는 무모한 국가에 눈치 주기

원래 유엔 회의에는 '독일과 일본 같은 나라가 다시는 이상한 일을 벌이지 않도록 모두가 감시해줄게, 일단 많은 돈을 내게 하면 나쁜 짓은 안 하겠지.'라는 목적이 있었습니다. 그만큼 2차대전 당 시의 독일과 일본은 터무니없었다는 것이고요. 어쨌든 독일 등은 진지 하게 '세계 제패'를 목표로 하였고, 일본은 철과 석유조차 없는 초 빈국 에서 냄비와 솥을 모으고 무기와 총탄을 만드는 상황에서 '미국, 너를 용서치 않겠다!'라며 대결을 신청해 버렸으므로, 동네 양아치에 버금가 는 무모한 국가입니다. 그런데 전쟁이 끝나면서 독일과 일본은 경제 회 복에 열중하게 되어 얌전해지고, 어쩐지 위험할 것만 같았던 소련과 중 국에 의한 냉전 상태가 계속되고, 실제로는 총으로 견제하는 것으로 역할이 종료되었고, 그다지 큰일은 없었습니다.

그러다 보니 유엔은 개발 원조나 각종 조사, 우편 번호나 전화번호를 표시하는 방법, 물고기 어획량 제한 등 다양한 약정과 활동을 늘려가 고 큰 조직으로 발전한 것입니다.

구소련이 붕괴하고 냉전이 끝나면서 무서운 감시반장이 사라졌기 때문에 중동, 아프리카에서 국지적인 도발과 대결이 빈발하게 되었습니다. 그것은 좋지 않기 때문에, 구소련보다 무서운 감시반장을 보내거나, 서양적인 '올바른 가치'를 가르치고, 우물을 파는 방법을 전수하는 등의 일도 늘어나 갔습니다.

그러나 어디 까지나 단순한 국가 간의 교제에 불과하므로 다양한 약정이라도 강제력이 없습니다. 실제로는, 거인처럼 행동하고 있는 미국이나 중국이 하고 싶은 대로 하고 있어, 교제에 무슨 의미가 있을까요? 실질적으로 그렇게 느끼고 있는 사람들이 상당히 있는 것입니다.

2차 세계대전이 끝난 지 벌써 70년 이상이 지났기에, 이제는 뭔가 다른 조직으로 변모해도 좋다고 생각합니다. 그런데도 정말 해체되면 유엔에서 일하는 사람들이 실직해 버리기 때문에 조정이 번거롭다는 사정이 있을지도 모릅니다.


## ✳ EU는 아수라장 반상회(역시나 세계적인 통 큰 정치는 아닌 듯…)

유엔과는 별도로 세계에는 다양한 국제기구가 있고, 그중 하나로 최근 떠들썩한 유럽연합(EU)이 있습니다. EU란? 원래 무엇일까요? 그를 설명할 수 있는 사람은 적을 것입니다.

설립 초기에는 유럽 각국이 석탄과 연료공급을 대화로 푸는 단순한 단체였습니다. 왜 유럽 각국이 모여서 석탄과 연료를 말할 필요가 있었는지, 유럽에서 일어났던 어느 사건이 관계가 깊습니다.

그 옛날 유럽에서는 각국을 전장으로 삼아 큰 전쟁이 일어나 많은 사람이 죽어갔습니다. 그 당시 문제가 된 것이 석탄과 연료입니다. 어쨌든 유럽의 추운 지역에서는, 연료가 없으면 뜨거운 물도 끓일 수 없고, 춥고 모두 죽어 버립니다. 북쪽은 더 추워서 작물이 자라지 못하고 과일과 채소를 수입할 수밖에 없습니다. 근처의 나무에 자연스럽게 자라는 과일 등을 먹을 수 있는 축복된 환경이 아닙니다.

그들에게 빼놓을 수 없는 생명선이라고 할 수 있는 석탄이나 연료를 둘러싸고 나라끼리 다툼이 발생하면 아마도 전쟁이 발발할 것입니다. 어쨌든 유럽은 세계에서 처음으로 탱크와 기관총을 만들고 독가스를 사용한 나라의 모임이며 상대를 철저하게 두드려 주고 싶다는 소란스러운 나라가 많습니다. '거기서 비난받지 않도록 모두가 모여 대화하고 어떻게든 달래는 구조를 만들어 둡시다.'라는 것이 EU의 시작이었던 것입니다.

그런 EU가 탄생하기 전에, 리하르트 쿠덴호프 칼레르가 '범유럽 주의'라는 것을 주창했습니다. 유럽에서는 민족주의와 정치적 사고방식의 차이로 이러한 이해가 충돌하고 다양한 갈등이 발생했기 때문에 유럽 전체에서 공통된 가치를 가지고 다투지 않고 사이좋게 살아가자는 생각입니다. 그는 칸트와 니체와 같은 철학자에게 큰 영향을 받았습니다. 더하여 그는 아오야마 에이지로라는 일본 이름도 있어, 부친은 오스트리아-헝가리 제국의 백작, 모친은 일본인 아오야마 미츠라는 분입니다.

19세에 34살의 여배우와 결혼해, 부인의 출자로 출판 활동을 시작했습니다. 병행해서 편집자와 대학 연구직으로 일하면서 전 세계에 범유럽 주의를 전파합니다. 참고로 쿠덴호프 칼레르씨가 배후조종자였는지 아닌지는 불명확합니다.

초기에는 그와 그에 찬동하는 사고방식은 급작스러운 것으로 파악되고 있었다고 합니다만, 1차 세계대전과 2차 세계대전을 거치면서 유럽은 철저하게 파괴되어 버렸기 때문에 점차 같은 생각을 지지하는 사람이 늘어났습니다. 무역과 통신이 발달하여 국가 간의 관계가 늘어나면서, 이번에는 물건의 매매나 각 규칙을 미리 어딘가의 단체에서 결정해 두는 편이 좋기에 석탄에 관해 대화하던 조직을 확대하여 유럽연합이 된 것입니다. 그 배경에는 범유럽 주의의 이데올로기적인 생각이 있었던 것은 틀림없습니다.

그런데 EU는 다른 국제조직과 조금 다른 점이 있습니다. 범유럽 주의는 본래 철학적인 사고방식을 바탕으로 하는 면도 있으므로, 큰 틀에서는 이상주의였다고 할 수 있습니다.

## ✳ 외딴곳인 미국에 대응한 EU… 그렇지만 그 전말은?

유럽은 미국을 라이벌로 보며, 그 존재를 항상 의식하고 있습니다. 미국은 하나의 나라라고 해도, 다양한 지방 단위가 모여 나라를 형성하고 있는 연방제로 움직이고 있습니다. 작은 나라가 모인 것 같기에 법률과 규칙이 지역별로 다릅니다. 한편 유럽은 전체적으로 보면 대략 미국과 같은 정도의 크기이므로, '미국 연방 정부처럼 그를 모으는 메커니즘이 있으면 좋지 않을까?'라고 생각한 사람들이 유럽에 있었던 것입니다. 유럽에서 소수취향 종교자, 범죄인, 가난한 사람들을 보내 산더미처럼 쓰레기가 쌓인 땅인데, 우리보다 풍부해져 실로 탐탁지 않다는 미국에 대한 대항하는 생각이 마음속 깊이 깔려 있었습니다.

그런데 유럽에는 다양한 나라가 있으며, 각각 고유의 문화, 전통, 언어를 가지고 있어, 예로부터 이웃하고 있는 국가나 이민족 간에 서로 물어뜯어 왔던 토지입니다. 연방제와 같은 구조는 그렇게 쉽게 가기는 어렵습니다. 그것이 당연한 이유는. 전통과 문화는 물론, 음식, 일하는 방법, 주거, 예술, 커뮤니케이션의 방법 등 모든 것이 크게 다릅니다.

그런 관계로 협상은 계속 어려웠지만, 2차 세계대전과 같은 비참한 상황은 피하고 싶다는 의식의 공통분모가 있었기 때문에 서로가 보폭을 맞추기 시작하여, EU는 무역의 자유화와 관세의 철폐 외에, 영국 등 일부 국가를 제외하고 유로라는 통화로 유럽 전체의 통화를 통일하는 것에 성공했습니다. 20세기 말이 되면서 회원국의 국적 보유자이면 EU의 어디에서든 거주 및 노동도 인정받게 되었습니다. 미국에서는 국내 어디에 살든 자유롭기에 EU도 그런 구조로 하면 된다. 시골 사람들인 미국인에게 대항할 수 있도록 경제를 활성화하려고 생각한 것입니다.

그 결과, 어떻게 되었는가? 영국이나 독일 등 북부의 풍부한 나라에 점점 사람이 모이고, 빈곤층이 많은 남부와 동부가 과소화되는 편향된 상황에 빠져버립니다. 유럽 각국은 빈부와 생활환경의 차이가 아직 상당히 크기에 미국처럼 될 수 없었습니다. 가난한 나라에서 온 사람들은 풍부한 나라에서 일하고 많은 아이를 낳고 인구는 점점 늘어나고 있습니다만, 그에 비해 풍부한 나라에 세금은 그다지 들어오지 않습니다. 갑자기 병원이나 학교를 늘릴 수 없으므로, 대기실이나 도로의 혼잡 등에 고민하는 현지민으로부터 불만이 분출되게 되었습니다. 반면에 사람이 유출된 동부와 남부 국가는 과소화가 진행됩니다. 풍부한 나라에서 돈벌이하는 가족으로부터의 송금으로 어떻게든 생활하는 형편입니다.

그래서 원래 문화와 경제 수준이 차이 나는  완전한 다른 나라의 집합이었던 유럽에서 연방정부제도와 같은 일을 하는 것은 조금 무리가 있었던 것입니다.

또한, EU는 세금을 결정하는 방법과 군대도 EU 전체에서 통일해야 한다는 아이디어가 싹트기 시작했습니다. 이에 반대하는 사람들이 꽤 많고 특히 런던은 진짜 조세회피처와 같은 상황이 되었기 때문에, 영국은 반대할 수밖에 없는 상황입니다.

영국뿐만 아니라 유럽 지역에는 여전히 귀족과 큰 부자들이 많이 있어, 그러한 사람들이 런던의 금융 지구 '시티(the city)'뿐만 아니라 카리브해 국가와 리히텐슈타인과 같은 조세회피처를 이용해 돈을 절약하고 있습니다. 그런 사람들에게는 조상 대대의 저택이나, 부지런히 움직여서 모은 돈을 빼앗긴다고 생각하기에, EU가 마음대로 세금을 결정하는 것은 용인되지 않는다고 분노하고 있습니다.

# ✻ 난민소동으로 붕괴 직전! 무책임을 넘어선 독일이여 안녕

그에 더하여, 이동과 거주의 자유가 보장되는 유럽 지역 내에 시리아와 아프가니스탄, 아프리카 등에서 난민이 몰려들게 되었습니다. 미국은 받아들이지 않는다. 그리고 '캐나다와 호주는 너무 멀고, 중국과 일본은 말도 통하지 않고 멀기 때문에.'라는 이유입니다. 목적지에는 친척도 없습니다.

이동이 자유롭기에 한번 유럽 남쪽으로 밀려온 난민이 북쪽을 목표로 하여 점점 이동하기 시작했습니다. 북부의 나라에는 일이 많이 있고 복지도 충실하기 때문입니다. 또한, 그 나라들은 식민지와 전쟁에 대한 속죄의식이 있어 난민 수용에 적극적입니다.

그러나 너무 많은 난민이 몰려들었기 때문에 EU의 실권을 쥐고 있는 독일은 난민의 수용 인원수를 각국에서 결정해야 한다고 주장하기 시작했습니다. 그리고 가난한 나라에도 마음대로 인원수를 할당해 버려서 (어이쿠 큰일 났음.) 많은 나라가 분노한 것입니다. 독일이 멋지게 보이며 우리나라는 누구나 받아들일 것이라고 공언했고, 그것이 스마트폰이나 인터넷으로 점점 퍼져 많은 사람이 밀려와 버렸다. 그런데 역시 무리였기에 너의 나라도 받아들여 줘?! 이는 늦게 내기 가위바위보와 같은 것이기에, 다른 나라가 화내는 것은 당연하겠네요?

성격이 급하고, 원래 독일을 싫어하는 영국은 너의 말을 듣고 난민을 받아들이는 것은 농담도 아니며 화가 난다고 국민 투표를 한 후, EU에서 탈

퇴하기로 했습니다. 영국은 펑크 록과 헤비메탈 발상지라는 것으로 상상할 수 있듯이, 매우 혈기 왕성하고 급하며, 무엇이든 자유롭게 행하여 점점 돈을 벌어들이는 장사 기질이 강한 나라. 세세한 것에는 서툴기도 하여, 뭐든지 규칙을 만들어서 세세하게 지배하려는 독일이나 프랑스를 싫어합니다. 원래 EU에서는 독일과 프랑스가 소귀에 경 읽기로 뭐든지 마음대로 결정하는 것도 매우 마음에 들지 않아 불편했는지 갑자기 작별을 고합니다.

독일은 유럽에서 가장 풍부하고 산업과 인력이 꽉 들어찬 우수한 나라입니다. 도시는 잘 정비되어 있고 교외로 가면 쓰레기 하나 떨어져 있지 않은 거리풍경이 펼쳐져 있습니다.

이런 나라이므로 말로 표현하지 않지만, 자기들이 유럽에서 가장 좋다고 생각하고 있습니다. 그런 거만함이 국제회의 및 다국적 프로젝트에서도 표출되어 회식 자리에 독일만 불리지 않는다고도 합니다.

EU 통합으로 엄청난 수익이 있었고, 그리스 통화 위기도 해결하지 못했음에도 제멋대로 난민 대량 수용을 결정해 버렸다. 자국에서는 전부 수용은 무리이므로 다른 가난한 나라를 보살피라는 일방적인 요구를 밀어붙이는 태도는 오만한 독일 그 자체입니다.

독일의 무책임한 발언은 트위터와 페이스북을 통해 다양한 국가에 퍼져나가, 시리아 난민뿐만 아니라 아프가니스탄, 이란, 파키스탄, 가봉, 코트디부아르, 코소보 등 시리아 분쟁과 전혀 관계없는 국가의 사람들이 밀려드는 사태가 발생하였습니다.

그들은 경제적으로 어려운 그리스, 이탈리아, 마케도니아, 세르비아,

체코 등의 나라에 모여들고 있습니다. 가난한 나라가 독일의 엉덩이를 닦고 있는 상황입니다.

옥스퍼드 대학의 교수로 이민 문제를 연구하는 하인 데 하스는 이민을 규제하면 많은 수의 사람이 '지금 가지 않으면 이주할 수 없다.'라고 생각하여 이민자 수가 증가하는 연구 결과를 발표하고 있습니다. 일단은 대량으로 받아들였으나, 규제하는 방향으로 전환한 독일의 태도는 경제 이민과 난민 유입에 박차를 가하고 있습니다. 앞으로도 유입인구는 늘어날 것입니다. 독일의 이런 무책임함과 방만함은 '독일은 결국 수십 년이 지나도 변하지 않잖아!'라고 주변국을 격노하게 하였을 뿐입니다. 오만한 인도주의는 미담도 그 무엇도 아닙니다.

이처럼 원래 사이가 나빴던 나라들이 모인 EU는 라이벌인 미국에 대항할 수 없었고 독점적 지위의 독일이 제멋대로 행동하기 때문에 이제 붕괴 직전. 한발 앞서 빠져나가고자 하는 영국 같은 나라도 등장하는 상황입니다.

그건 그렇고, 1990년대에 'EU는 지구의 미래'라고 발언했던 일본의 학자들은 요즘 너무도 조용하다는 것은 기분 탓일까요?


## ✳ 사실 일본은 끔찍할 정도로 축복받은 나라

트위터를 들여다보면 일본은 세계에서 가장 차갑고 끔찍한 나라라는 불평불만에 휩싸여 있어, 뭐 이런 것까지도 불평을 늘어놓을 수 있냐고 감복할 따름입니다. 일본 밖 사정을 알고 있는 사람들은 일본인으로 태어난 것이 얼마나 운이 좋은가에 대해서 전혀 자각이 없습니다. 요즈음 일본에서는, 간병 보험이나 건강 보험의 자기 부담액의 가격 상승, 장시간 노동은 여전히 해소되지 않고 일하는 사람의 절반 가까이가 비정규직, 여성 차별도 아직은 심한 상황이고, 기차에서는 유모차가 도움을 받을 수 없습니다. 그런 상황에 있는 것도 사실입니다만, 그래도 대부분의 나라에 비하면 이렇게 풍족한 나라는 없습니다.

저는 최근에, 약 20년 만에 예전 친구와 재회, 그 처지에 큰 충격을 받았습니다. 이 사람은 구소련의 독재 국가 출신입니다. 태어나자마자 부모는 이혼해버려 아버지의 얼굴을 기억하지 못합니다. 홀어머니의 가정으로 조부모와 어머니 모두 박사 학위를 가진 구소련 학자이고, 학자가 존경받은 구소련 사회의 최상층에 있는 엘리트 가정이었습니다.

그런데 구소련이 붕괴하면서 사회의 모든 구조가 뒤집혀 버렸습니다. 대학의 교원이나 공무원은 거의 전원이 일을 잃던지 급료가 격감하여, 한 달에 5~10만 원 정도밖에 얻을 수 없는 상황이 되어 버렸습니다. 설상가상으로 자본주의 경제가 도입되어 빈부 격차가 커지고 부동산 가격도 상승해, 삶은 힘겨워지기만 합니다.

구소련 시대는 특권 계급으로서 외국인밖에 받지 않는 점포나 공산당의 간부용 리조트 시설을 이용할 수 있었지만, 당연지사로 붕괴 후에는 그러한 특권도 모두 잃었습니다. 오히려 식사조차 제대로 섭취할 수 없으며, 배급의 긴 줄에 늘어서며 어떻게든 먹고살 수 있었습니다.

그리고 붕괴 후 몇 년이 지나자 이번에는 나라가 독재 국가가 되었습니다. 그들은 원래 할아버지 세대가 유럽 쪽 러시아에서 강제로 이주시키거나 귀양살이하던 러시아인이기 때문에, 그 나라에서는 인종적 소수파가 되어 버렸습니다. 구소련 시대에는 겨우 과반수 안에 들어 있었습니다만, 이제 다수파로부터 박해받는 처지가 되었습니다. 그렇기에 공무원이 될 수 없으며 다양한 비난을 받고 민간 기업에 취업하기도 어려운 상황입니다. 대학의 직업은 다수파의 인종이 우선되기 때문에, 가족 전원 실업자가 되어 버렸습니다. 어머니는 가족을 부양하기 위해 고령의 외국인과 차례로 사귀며 생활비를 얻고, 통역으로서 서방 기업의 일을 해 돈을 집에 송금하게 됩니다.

　경제는 악화하는 반면 빈부의 차이는 확대됩니다. 어머니는 몇몇 남자와 사귀고 나서 외국인 남성과 결혼하고 병이 들어버린 부모를 모시고 외국으로 이주합니다. 자국에서는 의료 제도가 붕괴하고 있기에, 아무래도 해외 병원에서 치료받고 싶었습니다. 또한, 친척 중에서 여성은 모두 똑같이 차례로 외국인 남성과 결혼하여 해외로 이주했습니다.

　한편, 친구는 남성이며, 아들이어서 어머니를 따라갈 수 없었고, 그곳에 남겨지게 됩니다. 우수인력으로 장학금을 받고 해외에서 유학하고 박사 학위를 취득하여 국제기구에서 일한 시기도 있었지만, 성과와 관계없이 일정 기간 이상은 일할 수 없는 구조이므로 처자가 있는데 무직이 되어 버립니다. 대학이나 민간 기업 등에서 일하고 어떻게든 분투해 보지만, 박해받는 인종이므로 좀처럼 일을 찾을 수 없습니다.

자영업으로 어떻게든 생활하고 있지만, 현실은 힘겨웠고 원래 학자였던 것도 있어, 영업은 잘 진행되지 않습니다. 모국은 환경 오염이 심하기에 가능하면 선진국으로 이주하고 싶어 합니다.

그러나 그의 나라에는 이민 희망자가 너무 많고, 고학력에 실적이 있음에도 불구하고 모든 국가에서 신청이 거부됩니다. 한편으로, 고도의 기술 인력과 연줄이 있는 사람들이 점점 외국으로 이주해 버린다고 합니다.

그는 스트레스로 질병을 앓고 있지만, 자국의 의료 체제는 붕괴하여 충분한 치료를 받을 수 없습니다. 하지만 생활을 위해 일할 수밖에 없고, 몇 년간에 걸쳐 하루의 휴가도 없이 일합니다. 한때는 국제법과 인권에 대해 열심히 이야기하고 러시아 시를 읊고 모국을 잘 살게 하고 싶다는 소망을 말하고 있던 입에서 새어 나오는 것은, 사무실의 임대료 지불, 보조금이 나오는지, 다음의 프로젝트는 있는가, 자사의 자금 조달, 모국의 상황 악화 등, 그런 이야기뿐입니다.

주변에서는 미래에 훌륭한 학자가 될 것으로 기대되었지만, 다양한 외부 요인으로 인해 더는 진행이 어려운 힘든 상황에 있습니다. 너무 많은 곤경에 인격도 외형도 변모해, 유머 감각도 사라져 버렸습니다.

구소련은 일본에서 매우 먼 나라처럼 느껴지지만, 러시아는 가장 가까운 외국 중 하나입니다. 러시아에도 중앙아시아와 비슷한 가혹한 상황에 직면한 사람이 많이 있습니다.

# ✳ 대다수 국가가 일본보다 훨씬 비참

이런 상황에 빠진 나라는 구소련뿐만 아니라 다수 존재합니다. 중국도 조금만 교외 지역으로 나오면 그 굉장한 격차에 말을 잃는 일본인이 대부분이겠지요? 그 외에도 몽고, 필리핀, 태국, 조지아, 볼리비아, 멕시코, 나이지리아 등도 일본에서는 상상할 수 없이 엄중합니다. 분명히 말해 세계의 대부분은 그런 나라입니다. 그중에는 시리아처럼 붕괴해 버린 나라도 있습니다.

유럽의 경우, 일본인이 상상하는 풍부한 유럽은 사실 북부의 일부 국가에 불과합니다. 북부 국가에서도 최근에는 격차가 확대되고 있으며, 부모에게 돈과 연줄이 없으면 일을 얻을 수 없습니다.

이탈리아, 포르투갈, 스페인 등에는 일본에서 근처에 굴러다니는 아르바이트 정도의 일조차 없습니다. 많은 젊은이가 네덜란드와 영국에 돈을 벌기 위해 나가야 할 상황입니다. 저와 같이 이탈리아 직장에 있던 젊은이들은 거의 모두 아일랜드와 네덜란드에 돈벌이로 나갔습니다.

물론 일본에도 많은 문제가 있습니다만, 이렇게 적은 자기 부담액과 건강 보험료, 그리고 빠르고 양질의 의료를 제공하는 나라는 거의 없습니다. 미국 등은 의료비가 엄청난 금액으로 자기 부담액도 크고, 건강 보험이 보장되는 대기업에 근무하지 않는한 일본 수준의 치료를 받을 수 없습니다.

건강 보험료를 내면 의료비가 무료인 유럽이더라도 무료에는 다 이유가 있습니다. 무료이기 때문에 높은 수준과 섬세한 서비스는 요청할 수 없으며, 치료나 진찰에는 우선순위가 있으며, 몇 달이나 기다리는 것도 드물지 않습니다. 일본 수준의 치료나 검사는 사립병원에 가지 않으면 무리입니다. 그건 그렇고, 영국의 사립병원 산부인과에 입원하려면 하루 천만 원은 필요합니다.

## ✳ 일본은 세계에서 치안이 가장 좋다는 데에 눈을 떠야 함

그리고 일본만큼 치안이 좋은 선진국도 없습니다. 일본에서는 어디에서도 아파트, 맨션, 단독주택 등을 빌릴 때 치안을 고려할 필요가 없습니다만 다른 나라에서는 장소도 물건 자체도 싸면 쌀수록 안전성이 낮으므로, 죽고 싶지 않으면 높은 집세를 지불하고 나름의 물건에 살 필요가 있습니다.

길거리에서 정글도 인 마셰티로 습격당하지 않고 황산을 뿌리는 강도를 당하지도 않습니다. 아이가 학교에서 안전하게 돌아올지 걱정할 필요도 없습니다. 중학생이 집에 머신건을 숨기고 있어도 특수부대가 출동하지도 않습니다.

이것들은 꾸며낸 이야기가 아니고, 영국에서 실제로 일어난 것입니다. 영국 경찰에 따르면, 마셰티에 의한 공격은 2017년 2개월 동안 928건이나 확인되었습니다. 이를 하루씩 나누면 90분 간격으로 발생한 것이 됩니다. 그중 425건은 런던입니다.

런던 남부의 크로이던에서는 13세 여중생이 적대시하는 갱에 저항하기 위해 집의 옷장에 M-16과 비슷한 반자동소총을 숨기고 있던 것이 발각되어, 15명의 특수부대가 출동하여 회수하는 소란이 있었습니다.

일본은 초등학생이 혼자서 자전거를 타고 학원에 다닐 정도로 안전합니다. 기타 선진국에서는 치안이 상당히 안 좋으므로, 모두 부모가 차로 픽업합니다.

일본에서는 집에 강도 감지 알람이나 감시 카메라를 설치하는 집은 적고, 창에 철 격자를 설치하는 것도 많지 않을 것입니다. 자동차를 거리에 주차했을 때 도난 방지를 위해 자동차 내비게이션이나 카 오디오를 탈거하여 휴대할 필요가 없습니다.

더하여 이탈리아는 강도나 빈집털이가 너무 많아서, 맨션의 1층 창에는 철제 격자가 당연히 설치되어야 합니다. 현관문 내부에 철 기둥이 들어간 특수 문이나 방에 들어갈 때까지 열쇠가 4개 붙어 있는 것도 드물지 않습니다. 문 열쇠는 15cm의 거대한 것이 사용됩니다.

런던에는 철제의 두꺼운 문을 설치하는 일반 가정도 있습니다. 도끼라도 파괴할 수 없어 방탄이 될수록 더욱 튼튼하고 한 채당 800만 원을 웃돌기도 합니다. 더욱 견고한 보안을 원하는 곳은 방벽에 철판을 끼워 넣어 요새처럼 만드는 사람도 있습니다. 강도가 집에 침입하면 이 방으로 도망쳐 철문을 닫으면 총격이나 도끼 공격으로부터 몸을 지킬 수 있습니다.

# ✳ 일본은 치안이 좋기에 집값이 싸다

일본은 월세도 염가로, 도쿄에서 교외로 조금만 나서면 4~5만 엔(약 40~50만 원)의 물건도 있습니다. 도심부에서도 다른 선진국 수도에 비해 어쨌든 싸다. 런던이나 파리, 로마에는 그런 저렴한 부동산은 아예 없습니다.

예를 들어, 런던 도심으로 한 시간 이내의 통근 거리의 20평 원룸 아파트를 빌리면 월세 150만 원 정도 됩니다. 비슷한 물건을 매매로 구매하면, 축조한 지 80년 된 것이 4억 정도입니다. 교외라도 일본에서라면 아무도 사지 않는 60년 된 방 3개인 낡은 집이 5,000만 원 정도 합니다. 일본 동경 도내 근교라면 겨우 5,000~6,000만 원 정도의 가치를 지닌 물건입니다.

영국에서는 싼 물건=치안이 엄청 나쁜 곳이므로, 죽음을 각오할 필요가 있습니다. 그러므로 거주지에 적당한 가격을 원하거나 경제적으로 여유가 없는 사람은 공유주택을 사용합니다. 혹은 도심부에서 더 먼 거리에서 사는 수밖에 선택의 폭은 없습니다.

또, 일본에서는 슈퍼에 물건이 끊기는 일도 없습니다. 디플레이션이므로 물가는 싸고 외식은 우크라이나와 캄보디아의 가격 수준입니다. 일본 슈퍼마켓에서 문 닫기 직전의 주력 상품인 도시락이 2,000~3,000원이 되기도 합니다만, 헝가리나 불가리아에서도 그렇게 싼 식료품은 없습니다. 또한, 런던의 '와사비'라는 초밥 가맹점에서 살 수 있는 초밥이나 일식 도시락은 12,000원 정도 합니다. 할인 등이 없습니다.

유통 혁명과 가격 파괴가 진행된 일본에서는 염가이지만 양질의 제품이 넘치고 있으며, 다른 나라라면 가격이 5~6배나 하는 물건이, 100엔샵에 즐비하게 늘어서 있습니다.

생활에 곤란하면 일본에는 생활 보호도 있습니다. 시청 공무원은 뇌물을 요구하지도 않으며, 그리고 조건을 만족하면 제대로 생활 보호비가 나옵니다. 상담하러 가면 관공서의 사람은 제대로 이야기를 들어줍니다. 다른 나라는 대면 상담에 이르기까지가 힘듭니다. 근본적으로 생활 보호나 복지가 전혀 충실하지 않은 나라도 있습니다.

저는 지금의 일본 상황을 완전히 긍정하는 것은 아니지만 살아가는 것이 어려운 나라나 다른 선진국, 독재 국가에 비하면 일본은 상당히 축복받고 있는 나라입니다. 세계 유수의 행복한 나라라는 것은 의심의 여지가 없습니다. 그러므로 일본 여러분은 현 상태를 우울해하지 말고 더 편하게 살았으면 하는 마음입니다. 주어진 기회와 선택지를 놓치지 않고 유연한 사고방식으로 생활을 더 좋게 하는 방법을 탐구해 주셨으면 합니다. 고통받는 제 친구가 일본에서 태어났다면 얼마나 성공하고 행복했을까요?

## ✳ 국가를 융성하게 하는 것은 '고학력 이민'

최근 몇 년 동안 일본에서 떠오르는 이민 문제에 대해서도 생각해보셨으면 합니다. 일본인 여러분이 외치는 이민 불필요론은 분명히 말해 '일본에 외국인 노동자를 받아들이면 범죄가 늘어나고, 생활 보장 수급자가 늘어나고, 외국어 표기가 늘어나며, 쓰레기 분리수거의 규칙을 지키지 않아 문제가 증가합니다. 외국인에게 국가가 점령되어 더는 일본이 아니다!'라는 망상입니다. 여기는 일본의 인구 동태를 인지하고 우리가 어떻게 자기 목을 조이고 있는지를 잘 생각해보는 것이 좋을 것입니다.

첫째, 고령화는 이민자를 필요로 한다. 국립 사회 보장·인구 문제 연구소에 따르면, 2014년 현재, 일본의 총인구에 대해 65세 이상은 26%입니다만, 2025년에는 30%로 증가합니다. 의료는 지금보다 발달할 수 있지만, 나이가 들면 죽을 때까지 건강한 사람은 그렇게 많지 않고, 80세 이상에서는 무려 30%가 간병인이 필요하다고 전망되고 있습니다.

그건 그렇고, 국가 간병 보험 비용은 2001년에서 2010년 사이에 두 배 이상으로 부풀어 오르고 있습니다만 병간호 비용과 함께 간병 서비스도 확충해 나갈 필요가 있지만, 간병인은 저임금에 힘든 일이므로 일하는 사람이 부족합니다. 그러나 그 수요가 점점 늘어나는 것은 분명합니다.

국제 이주 기관의 연구에서 영국, 아일랜드, 캐나다, 미국에서는 이민노동자에 의한 간병이나 의료 서비스의 제공이 불가피한 상황이 되고 있다고 합니다.

일본과 마찬가지로 임금이 낮고 일손이 없으므로 노동 수급 격차를 이민자로 채워야 합니다. 일본은 인력 부족으로 서비스 축소 및 사업 정지에 직면하고 있는 시설도 있으며, 이 상황은 실제로 저의 친지가 경험하고 있습니다.

둘째, 출생률이 저하되어 일손도 줄어들 것입니다. 일하는 사람이 줄어들면, '만드는 사람이나 서비스를 제공하는 사람이 줄어든다'='수입이 줄어든다'='세금도 줄어든다'라는 최악의 연쇄반응이 일어날 수 있습니다. 게다가 고령자가 점점 늘어나고 버는 사람이 줄어들지만, 고령자를 부양하지 않으면 안 되기에 세금은 더 필요하다는 지옥 같은 상황이 기다리고 있는 것입니다.

연금의 운용은 미묘하고, 과거의 예측만으로 향후를 지탱할 가능성은 크지 않을 것입니다. 일하는 사람 개개인이 부담을 줄이고 싶다면 젊은 사람을 늘려야 합니다. 그러나 아이를 낳는 사람은 늘지 않는다. 그렇다면 외부로부터 받아들이는 외에 다른 옵션이 있습니까?

셋째, 격변하는 세계에서 일본의 경제력을 유지하고 싶다면 다양한 사람을 받아들이고 창의성을 높이기 위해 이민자를 받아들여야 합니다. '이민을 받아들이면 창조적으로 된다고?'라고 회의적인 분은 꼭 학술 연구서를 읽어 주십시오. 학자들은 제대로 연구하고 있습니다.

그중에서도 아이오와 대학, 미시간 대학, 시애틀 대학의 연구자가 실시한 인종 다양성과 창의성의 상관성에 관한 연구는 매우 흥미롭습니다. 같은 인종으로 구성된 그룹과 다인종으로 구성된 그룹에 똑같은 비즈니스 문제를 부여하고 해결책을 비교하는 연구를 했습니다만, 인종적으로 다양한 그룹 측이 창조적이고 획기적인 해결책을 만들어 냈다고 결론 내리고 있습니다.

또한, 캘리포니아 대학 버클리 캠퍼스의 엔리코 모레티 교수는 자신의 저서 '연봉은 '사는 곳'으로 정해진다 … 고용과 혁신의 도시 경제학'에서 고도의 교육을 받은 이민자는 그 나라에 높은 창의성을 가져다 일을 창출합니다. 그래서 자국민의 일이 늘어난다고 말합니다. 우수한 사람들에 의해 그 지역 전체가 풍부하게 되기에 결과적으로 급여가 인상되는 등의 이점이 있습니다.

또한, '크리에이티브 자본론 새로운 경제 계급의 상승'의 저자인 도시계획가 리처드 플로리다는 다양성과 부의 관계를 수년간 연구했습니다. 그 가운데 '게이와 록 밴드가 없는 도시는 경제 발전 경쟁에 질 것'이라고 표현했습니다. 즉, 다양성을 받아들이지 않는 나라나 도시에는 미래는 없다는 것입니다.

## ✳ 이민이 창조성을 구현하는 이유

이민자들이 창의성을 가져올 수 있는 분명한 이유가 있습니다. 스탠포드 대학이 천재 아동을 35년 동안 조사한 창의성에 관한 연구에 의하면 창조적인 사람들은 사물을 다른 사람과 다른 방식으로 보고 이해하는 것 같습니다. 또한, 발달 심리학자인 나이젤 바버 박사의 연구에서 창조적인 사람은 어느 하나에 해당하는 경향이 있다는 것입니다.

1. 이민자

2. 동성애자, 남성적 여성, 여성적 남성

3. 병약

이 중 이민자에 초점을 맞추면 이민자는 주변의 대부분과 성장한 배경과 언어적 배경이 다른 원인으로 다양한 각도로 사물을 보고 생각하는 것에 의해 창조성으로 연결되어 있다고 생각됩니다.

이민자의 창의성과 그들에 의한 다양성이 사회에 부를 가져온 대표적인 예는 실리콘 밸리입니다. 이 지역에서는 2013년 사사분기에 전년 대비 3.2%가 증가한 직무가 창출되어, 46,665개의 일자리가 증가하였습니다. 이는 과거 10년간에 가장 큰 증가율이며, 제조업 이외의 모든 분야에서 고용이 확대되었습니다.

실리콘 밸리에서는 외국 태생의 인구비가 미국 전체의 2.8배이며, 대졸 이상의 학위가 있는 이공계 근로자의 6할 이상이 외국 출생입니다.

캘리포니아 대학 버클리의 애널리 석세니안 교수는 1999년에 발표된 논문에서 실리콘 밸리의 과학기술 노동력의 3분의 1은 이민자입니다. 인도와 중국 출신의 최고 경영 책임자가 기술(tech)기업의 1/4을 경영하고 있다고 지적하고 있습니다.

1995년부터 2005년에는 25.3%의 테크 기업의 최고 경영 책임자도, 또는 기술 최고 책임자가 외국 출생인 것이 판명되었습니다. 반도체 산업에서는 그 비율이 더 높고, 35.2%의 신생 기업이 이민자에 의해 창업되고 있습니다.

미국에서는 지난 20년 동안 제조업 일이 줄어 임금도 하락했지만, 금융, IT, 크리에이티브 산업의 일은 늘어나 임금도 오르고, 많은 부를 창출하고 있습니다. 이들 산업이 집중되는 것은 실리콘밸리처럼 이민이 많고 다양성이 있는 도시이기 때문에 이민자 기업이 그 땅에 부를 가져온 것은 실리콘 밸리만의 이야기만은 아닙니다. 영국의 싱크 탱크인 Centre for Entrepreneurs의 조사에 의하면, 영국에는 현재 45만 명의 이민 기업가가 있으며 국내 기업의 14%는 이민자에 의한 창업입니다. 그 비율은 영국에서 태어난 사람의 두 배 이상이며, 830만 명의 노동자 중, 무려 116만 명이 이민자에 의해 고용되고 있습니다.

영국 부의 대부분이 생산되는 런던 금융, IT, 크리에이티브 산업은 이민자에 의해 지탱한다고 해도 과언이 아닙니다. 금융가는 정말 외국 사람투성이로, IT 업계에서는 8할에 가까운 직원이 외국인이라는 기업도 적지 않습니다.

이민자 수용에 대한 인식이 조금은 바뀌었나요? 즉, 장래에 무너져가는 친가에서 치매 부모의 기저귀 교환에 쫓겨 하루를 마치고 싶지 않다면 우수한 이민자들을 받아들이는 방책을 생각하라는 것입니다. 그러나 창조성을 발휘하고 있는 이민자는 고학력자로 열심히 일하는 사람이므로, 그러한 사람들이 찾아와 주는 구조가 필요할 것입니다.

제3장

# 세계의 '사회상황'에 무지한 일본인

## ✳ 다문화주의를 부정하게 된 유럽

　　　　시리아 전투가 격화됨에 따라 유럽에는 많은 난민이
몰려들게 됩니다. 그를 전후로 두드러진 것이 종교와 인종의 다양성에
의문을 품는 성향입니다. 매우 놀랐던 것은 지금까지 자유롭고 온건한
것으로 보였던 나라조차도 똑같이 회의적인 사고방식이 상당히 강화되
고 있다는 것입니다.

　한때는 국가 안에서 인종과 종교의 다양성을 부정하는 것은 어떤 면
에서는 금기시되었습니다. 이는 유럽 국가들이 1, 2차 세계대전에서 엄
청난 피해를 보았고, 그리고 독일을 비롯한 국가에서 유대인과 로마(집
시), 성적 소수자, 장애인 등을 학살해 버린 홀로코스트가 깊게 관계하
고 있습니다. 나치 독일만이 아닌 헝가리, 프랑스, 이탈리아와 같은 나라

에서도 유대인은 밀고되어 강제 수용소에 보내져 버렸습니다. 이러한 반성으로 인해 유럽에서는 인종과 종교의 다양성을 존중하는 것을 가장 지켜내야 할 가치관의 하나라고 여겨져 왔습니다. 그런데 여기에 와서, 자유주의를 내세우는 유럽에서도 배외주의적인 사고방식이나 다양성을 부정하는 움직임이 나오고 있습니다. 특히 눈에 띄는 것이 독일입니다.

독일은 노동자 부족으로 고민하고 60년대부터 터키를 중심으로 외국인 노동자를 받아들여 왔습니다. 언젠가 귀국할 것으로 예상했기에 외국인 노동자는 독일인으로부터 분리되고, 그 자녀는 모국어로 수업받게 되었습니다.

1999년까지 혈통주의를 지켜온 독일에서는 부모 모두가 독일인이 아닌 외국인 근로자와 그 자녀는 수년 동안 살았어도 국적을 부여받지 못했습니다. 자국 문화를 유지하기 위해 독일 정부에 유도에 따르던 이민자는 독일인과 다른 커뮤니티 속에서 살아온 것입니다. 그러나 한편으로는 모슬렘이 지역에 녹아들지 못한 것이 점차 큰 문제가 되었습니다.

독일 싱크 탱크인 프리드리히 에버트 재단의 조사에 따르면 30%의 독일인은 국내에 외국인이 너무 많다고 느끼고 있으며, 외국인은 독일의 복지를 목표로 하여 이민해 온다고 생각합니다. 독일 내무부가 2012년에 발표한 '독일에 있어서 젊은 이슬람교도의 일상에 관한 조사'에서는, 48%의 독일 거주 이슬람교도는 "독일 사회에 녹아들지 아니하고 독일인과는 별도의 생활을 하고 싶다."라고 대답하고 있습니다. 2011년 프랑스의 조사업체에 의한 조사에서는, 40%의 독일인이, 이슬람 커뮤니티의 존재는 독일의 정체성에 대한 위협이라고 대답합니다.

또한, 독일 내무장관(당시)인 한스 피터 프리드리히는 "독일은 이민자의 정체성과 배경을 존중한다. 하지만 권위주의, 반민주주의, 종교적 광란은 인정하지 않는다."라고 말합니다.

난민 수용을 표명한 독일 메르켈 총리는 2010년에 "이웃 간에 잘 살기를 목표로 한 독일의 다문화주의(multikulti)는 완전히 실패했다. 이민자는 독일에 녹아들어야 하고 독일어를 배워야 한다. 우리는 그리스도교적인 인도주의에 연대감을 느낀다. 그것은 우리를 정의하는 것이고, 받아들이지 않는 사람들은 여기에 존재해서는 안 된다."라고 발언합니다. 유럽에서 가장 관용적이고 시리아 위기에서는 대량의 난민을 받아들여온 독일조차도 이런 상태입니다. 한마디로 유럽 국가들은 문화 기반이 다른 이민자를 더는 받아들이고 싶지 않은 것입니다. 정치적으로 올바르지 않기 때문에 입에는 올리지 않지만, 이것이 진심입니다.

체코나 헝가리 등 동유럽 국가들은 정치적으로 옳고 그름을 따지지 않기에 '다른 나라처럼 되어 버리는 것은 곤란하다. 여기는 유럽이다. 기독교인만 수용'이라고 단언해 버리고 있습니다.

유럽의 많은 나라는 민주주의이며, 가치관의 다양화, 남녀 차별 금지 등이 사회규범입니다. 그런데도, 모슬렘 중에서도 자유롭고 세속화된 사람들은 많이 있습니다. 제가 본업으로 친분이 있는 엔지니어나 감사로 근무하는 회계사 등의 대부분은 이슬람교도이지만 그들은 사고는 극히 자유로우며 개방적입니다. 한편으로, 유럽의 남녀평등과 정교분리를 인정하지 않는 이슬람교도도 있으므로, 현지민과 충돌이 일어나 버리는 것입니다.

# ✳ 남녀 별도로 강의하라는 압력에 고민하는 영국의 국립대학

　　　　　　독일 이상으로 개혁적이고 자유주의를 사랑하는 영국도 가치관의 충돌에 머리를 감싸 안고 있습니다. 영국의 국립대학에서는 보수파 이슬람교도가 남녀 별도의 강의를 요구하는 것이 남녀 차별과 종교의 자유를 둘러싼 논의가 이루어지고 있습니다. 남녀 동권(男女同勸)과 차별 금지(差別禁止)는 국가 근간으로써, 민주주의에 부합하는 원리 원칙이며, 현지인들이 오랜 세월 동안 쟁취해 온 '권리'이기에 신앙의 자유와 표현의 자유를 방패막이로 요구가 되풀이되는 것은 곤란하다고 생각하는 사람이 대부분입니다.

　종교의 자유를 기초로 하는 요구를 정면에서 부정할 수도 없고, 대학의 운영 방침이 국가의 차별금지법이나 배움의 자유를 뒤집어서는 안 됩니다. 하지만 어느 쪽의 주장도 영국의 민주주의를 보장하는 것이므로 종식되는 것은 그리 쉽지 않습니다.

　특히 국립대학은 세금으로 운영되는 조직이므로 '공적으로 추진해야 할 가치관'을 부정할 수는 없습니다. 이러한 문제는 소송까지 이어지기도 하고, 문제가 발생한 곳이 국립 병원이나 국립대학이라면 소송 비용은 세금에서 나오게 되므로 예산 삭감에 고민하는 대학 입장에서는 매우 머리가 아픈 문제입니다.

# ✳ 과격한 이슬람교도에게 점령된 영국의 공립 초등학교

영국에서는 초중학교 수준에서도 가치관의 충돌에 시달리고 있습니다. 중부 버밍엄시에서는, 시내의 공립학교에서 이슬람의 과격화된 사상을 전파하기 위해, 교장이 교체되는 등 다양한 음모가 조장되고 있다는 밀고가 시청에 들어오고, 교육부나 전직 테러 대책 장관이 조사에 나서는 사건이 일어났습니다.

'트로이의 목마 작전 의혹'이라고 불리는 사건입니다만, 과격한 종교적 견해를 가진 부모와 교원이 외모로는 알 수 없도록 학교 운영에 몰래 편승하고자 노력하고 있었다는 것으로부터, 이 명칭이 붙여졌다고 합니다.

조사는 런던 동부와 북부 등 이슬람교도가 많은 지역의 학교에도 다다랐습니다. 21개 학교에 감사가 들어온 결과, 그 일부는 이슬람교에 극도로 편향된 교육을 시행하고 있었다. 등의 문제가 발각된 것입니다. 감사 대상이 된 학교 중 하나는 '종교 교육은 이슬람교가 중심이며, 학생들은 다른 종교에 대한 이해가 거의 없다.'라고 지적되고 있습니다. 또 다른 학교에서는 '종교적인 학교는 아니지만, 특정적이고 좁은 종교적 이데올로기를 추진하려고 한다. 또한, 학교 이사는 사우디아라비아로 여행하는 모슬렘 학생과 직원에게 학교 예산에서 보조금을 지출했습니다. 이러한 여행지 선정은 다른 종교 학생들이 참여할 수 없다는 것을 의미한다.'라고 지적되고 있습니다.

이 결과로 여러 교장과 교직원이 징계 처분됩니다. 이 문제를 중요한 문제로 간주한 중앙정부는 공립학교를 감사하는 방편을 검토하고 '공립학교라면 영국적 가치를 교육해야 한다.'라는 기본 방침을 강조했습니다. 공교육은 당연히 세금으로 운영되기에 특정 종교, 인종 등에 편향된 불공평교육이 이루어져서는 안 된다는 생각이 기본입니다.

영국에서는 대처 정권하의 교육개혁법에 의해 각 공립학교의 교육방법과 교원의 채용 등을 이사회가 자주적으로 관리 운영하는 것이 결정되었습니다. 이것은 학교의 자치권을 중시한 민주적인 방법으로써 좋은 면도 있습니다만, 이번 건에서는 정부에 의한 세세한 통제가 닿지 않는다는 점이 도출돼 버렸습니다. 영국의 대규모 여론조사 'The British Social Attitudes'에 의하면, 2003년에는 48%가 "영국에서의 이슬람화에 대해 걱정하고 있다."라고 대답했지만, 2013년에는 62%까지 증가했습니다.


## ✳ 니카브(모슬렘 여성 복장) 착용 문제에 떠들썩한 유럽

프랑스의 경우는 역사적인 경위로부터, 공적인 장소나 학교에서 종교적인 활동이나 관습을 금지합니다. '라이시테(정교 분리 원칙)'가 존재합니다. 한때 유럽 국가들의 가톨릭 교회가 많은 권력을 쥐고 있었기에, 공공장소를 비종교화함으로써 현대 민주주의를 확립하겠다는 생각으로 이 원칙이 구축되었습니다.

이러한 생각은 교회가 거대한 권력을 보유한 유럽 전역에 적지 않게 존재합니다. 근대 민주주의나 과학주의는 교회의 권위와의 대립으로 시작되었다고 해도 과언이 아니며, 그러므로 미국과 비교해서 유럽은 일상생활과 공공장소에서 종교색이 옅은 나라가 꽤 많습니다. 일본에서도 전쟁의 반성으로부터, 교육 현장이나 정부에서는 종교적 활동이나 행사를 최대한 피하고 있다는 것과 같습니다. 프랑스에서는 예를 들어 공무원이 직장에서 종교적인 복장을 하면 라이시테법 위반이 되어 버립니다.

이러한 상황에 있기에 프랑스에서는 2010년 공공장소에서 얼굴을 거의 완전히 덮어 숨기는 옷의 착용을 금지했습니다. 일부 이슬람 여성이 착용하는 눈만 보이고 얼굴이나 전신을 천으로 덮는 '니카브'라는 의상 등이 그에 해당합니다. 프랑스가 이런 의상 착용을 금지한 것은 라이시테 이외의 시점에서도, 여성의 권리를 보호해야 한다는 프랑스의 강한 생각 때문입니다.

프랑스는 여성이 해변에서 토플리스가 되거나 개방적인 모습을 즐기는 것을 선호하는 국가이며, 16세기에 르네상스 기간을 경험했기 때문에 '나체는 인간의 자연스러운 방식이며, 특히 아름다운 몸과 얼굴은 숨겨서는 안 됩니다. 보여주는 것은 인생을 구가하는 권리'라고 생각하는 사람이 적지 않습니다. 프랑스인에게는 여성이 몸과 얼굴을 숨기는 것은 인권 침해에 불과합니다.

여담이지만 프랑스가 다른 유럽 국가와 비교해 복장이나 외형에 훨씬 더 신경 쓰는 것은 그러한 생각을 근거로 한 것이라고 할 수 있습니다. 또한, 최근 연이어 일어나는 테러로 인해 설치되는 감시 카메라나 입국 관리국 관리 시스템으로 얼굴 인증을 시행할 수 없고, 의복 아래에 뭔가

숨길 수 있는 니카브는 위험성이 높다고 생각되고 있는 것도 그 이유로 작용합니다. 그건 그렇고, 2019년 테러에서 250명 이상의 사망자가 나온 스리랑카에서는 인구의 약 10%가 모슬렘이지만 테러 이후 보안에 위험성이 있어 니카브와 부르카(전신을 숨기는 피복)의 착용이 금지되었습니다.

유엔은 프랑스 니카브 금지령이 여성이 종교의 자유를 행사하기 위한 인권을 침해하고 있다는 결정을 내렸습니다. 유엔의 결정은 강제력이 없기에 프랑스의 니카브 금지령은 현재도 유효하지만, 테러와 여성의 인권을 어떻게 정의해야 하는가에 대한 논의로 흔들리는 유럽 각국에게는 머리가 아픈 문제입니다.


## ✳ 역차별받고 있다고 주장하는 백인 남성

영국에서는 이성애자 이른바 '스트레이트' 백인 남성이 차별받고 있다고 호소하는 사례가 발생했습니다. 물리학을 전공한 25세의 그는 체셔 경찰에 취직시험을 보았는데 "더 많은 다양성이 있는 사람이 아니면 채용할 수 없다."라며 채용되지 않았습니다. 경찰관이 되는 것이 꿈이었던 남자는 사회에 도움이 되기를 바라며 열심히 공부하고 노력했기에, 완전히 낙담했습니다. "나는 백인 영국 남자로, 이성애자이기에, 장애도 없는데 차별받았다."라며 노동 법정에 소송을 일으켜 승소한 것입니다. 법원이 조사한 것에서는 체셔 경찰은 다른 후보자의 합격 라인을 의도적으로 낮추고 합격시킨 일이 발각되어, 이 남성이 차별되었다는 것이 분명해지고 영국 사회를 놀라게 합니다.

최근, 영국뿐만 아니라 북미나 오세아니아, 북부 유럽에서는, 여성이나 성적 소수파, 인종적 소수파의 사회 참여와 직업 참여율을 높이는 데 주력하고 있습니다. 조직이 소수파 사람들을 우선하여 고용하거나 승급·승진하기 쉽도록 소수파의 응시자와 응모자의 평가점수에 처음부터 가산점을 주거나 일자리를 만들어주는 등의 일이 당연하듯 행해지고 있는 것입니다. 특히 대학, 정부 기관 및 상장 기업은 '공공조직체'로 보기에 이러한 조치가 두드러집니다. 연례 감사에서도 직원의 다양성이 경영 지표에 포함되는 일이 일반화되고 있습니다.

인위적 다양성의 추진은 직장의 투명성과 다양한 사고방식을 양성하기 때문에 중요하다는 것은 틀림없습니다. 소수파 사람들에게 사회에서의 활약이나 발언의 계기를 마련하는 것으로, 소득 전환이나 계급 이동을 촉진하게 되기 때문입니다.

그러나 여기서 문제는 역시 폴리 콜레(정치적 올바름)라 너무 과도하기 때문입니다. 경찰관과 같은, 범죄자 대응이나 치안 유지 등 위험하고 인명에 관계되어, 높은 능력이 중요시되어야 하는 직업의 채용에도, 공식적인 형태로 역차별이 행해지고 있었습니다. 역차별을 위법이라 하는 판결은 상당히 비정상적이지만 비슷한 쟁점이 여러 곳에서 발생하여, 불만을 품는 사람은 적지 않습니다. 이처럼 종교나 권리, 자유, 안전성 등을 둘러싸고 각지에서 파란이 일어나고 있는 것이 지금의 유럽 사회입니다.

# ✳ 닛산 곤 사장 비리 사건은, 신흥국의 감각에는 너무 관대함

　　　　　일본에서는 닛산자동차의 카를로스 곤 전 회장의 스캔들에 놀라 벌어진 입이 다물어지지 않는다는 사람들이 많지만, 다른 나라의 감각으로 보면 그다지 엄중하지 않다고 말할 수 있습니다.

　예를 들어, 부패가 만연하는 러시아의 기업 경영자나 정부 관계자에 비하면 꽤 순수한 부패라는 의견이 분분해지고 있습니다. 약간 풍자하자면 러시아나 구공산권, 신흥국에 있어서 부패나 연줄에 의존하는 사례는 그리 드문 일이 아닙니다. 세계에는 기업과 정부의 거버넌스(Governance)가 존재하지 않는 나라도 많기 때문입니다.

　다음은 러시아 뉴스 사이트에서 곤 스캔들에 대한 댓글입니다.

- 900만 달러라고? 우리 관료 쪽이 더 많아.
- 러시아 시민권이 필요함. 러시아엔 일본 수사관은 올 수 없어!
- 몰도바에서 등록할 필요가 있네요.
- 러시아의 모든 빅 비즈니스는 이런 느낌이야!
- 이고리 세이친(Igor' Ivanovich Sechin)이 몇 명 있어.
　자동차 회사와 석유 채굴의 차이는 무엇일까요?
　우리 중에서는 크게 다르지만.
- 세이친은 공개되고 있는 것만으로도 410만 달러잖아. (곤의) 절반 이하야!

그렇다 쳐도, 진짜 얼마인가는, 세이친도 곤도 모르겠지만. 이고리 세이친은 2차 블라디미르 푸틴 내각에서 러시아의 부총리를 맡은 인물입니다. 푸틴 대통령이 상트페테르부르크시의 제1 부시장이었을 무렵부터 개인 비서로 일했습니다. 구소련 시대의 석유 회사를 모체로 하는 러시아 최대 석유회사인 Rosnefchi의 회장이자 푸틴에 다음가는 러시아의 권력자로 알려져 있습니다. 그러한 세이친의 부패 의혹이 화제가 되고 있어, 명확한 금액은 불확실하나, 곤보다 훨씬 거액인 것은 틀림없을 것입니다.

　러시아와 우크라이나에서는 국가를 배경으로 한 부패가 당연시되고 있어, 국민의 절반은 아연실색합니다. 우크라이나의 전 대통령인 빅토르 야누코비치는 정부로부터 75억 달러(약 9,000억 원)를 횡령했다고 합니다. 너무 규모의 크기에, 곤 사태는 잔물결 정도로 보입니다.

　규모가 큰 부패 사례를 보고 있으면 끝도 없지만, 러시아 외에 두드러져 보이는 것이 아프리카와 남미입니다. 예를 들어, 적도기니 대통령의 아들 테오드로 은게마 오비안은 2억250만 달러(약 2,700억 원)를 횡령한 혐의를 받고 있습니다. 기니는 인구의 75%가 극빈층인 매우 가난한 나라이지만, 오비안은 파리에 저택을 소유하고 초호화 자동차를 굴리고 있다고 알려져 있으며, 인권 단체로부터 부패에 대한 재판에 제소되고 있습니다. 이러한 예는 아프리카에서는 빙산의 일각입니다.

　신흥국에서 이러한 부패가 발생하기 쉬운 것은 일본, 북미, 북부 유럽과 비교해 기업이나 정부의 거버넌스가 약한 것, 법치 국가로서의 구조가 확고하지 않다는 것이 그 배경에 있습니다. 누군가가 부패하면 확고

한 메커니즘을 만들고 차단하려고 하는 것이 아니고, 그럼 다음은 자신도! 그리고 그 뒤를 따르는 사람이 나오는 상황입니다.

슈퍼 유명인인 카를로스 곤 전 사장은 다른 많은 용의자와 같은 형태로 구속되어 같은 식사를 받고 같은 옷을 입었다는 것은 세계적으로 드문 일입니다. 일본의 사법과 경찰은 부패에 물들지 않기 때문에 유명하든 초부유층이든 일반인과 같이 취급할 수 있다는 것을 증명한 것 같습니다. 일반인 취급해도 경찰관이나 판사가 암살당하지 않을 것입니다. 이것이 프랑스라면 곤은 VIP 대우로 구류되었겠지요.


## ✳ 인종차별에도 '격차'가 있다

카를로스 곤의 스캔들에 관해서는 일본과 해외에서의 보도 자세의 차이도 신경 쓰이는 부분이었습니다. 미국과 영국에서는 어디까지나 기업 최고 부적절한 회계 처리 및 고액의 보수로 담담하게 보도되었지만, 눈에 띄는 내용은 프랑스의 보도입니다. 프랑스에서는 이 문제가 무려 풍자만화 등으로 취급된 것입니다.

그 안의 일본인은 2차 세계대전 중에 연합군에 의한 프로파간다(Propaganda, 선전·홍보) 전단지와 같은 캐릭터의 '뻐드렁이의 안경을 쓰고 얇은 눈을 가진 비루한 인종'으로 그려져 있습니다. 그리고 심문받는 곤은 레바논인입니다만, 아랍인의 외형을 강조하여 묘사합니다.

이 만화가는 오래된 풍의 그림을 그리는 것으로 유명한 것 같지만, 이러한 풍자만화는 프랑스의 미디어에 등장하는 것의 의미를 일본 사람들은 잘 생각해 주었으면 합니다. 이빨과 안경을 강조하는 만화는 흑인 피부가 검은색이거나 유대인 코가 아주 큰 것을 강조하고 웃음거리로 만드는 것과 다를 바 없습니다. 이제는 유럽과 북미에서는 흑인, 유대인, 아랍인의 특징을 웃음으로 만드는 것은 허용되지 않는다는 인식이 퍼지고 있습니다. 차별적인 표현을 '에스프리다', '표현의 자유다.'라고 하는 프랑스라도 유대인이나 흑인에 관해서는 그다지 웃음의 재료로 삼지 않습니다.

물론, 자신들 백인인 프랑스인의 외형이나 음식에 관해서도 마찬가지입니다. 프랑스 서점에는 일본의 문학 작품이 대량으로 늘어서 있고, 일본의 영화나 예술은 매우 존경받습니다. 일본 애니메이션을 좋아하는 프랑스인도 많고, 프랑스의 아마존을 봐도 일본의 애니메이션이나 영화의 DVD가 잘 팔리는 것을 알 수 있습니다.

이처럼 유럽에서 아마도 가장 친일 국가일 것이며, 일본의 콘텐츠나 음식 문화, 예술 등을 사랑하는 프랑스인이 왜 이런 풍자를 미디어에 내버려 둘까요? 그것은 프랑스인이 일본 문화를 사랑하고는 있지만, 일본의 사법 제도와 사회 자체가 마치 중세처럼 시대착오로 자신들보다 늦었다는 인식을 강하게 가지고 있기 때문입니다.

그러나 프랑스 화장실은 아마도 유럽에서 가장 불결하고 일본에서는 생각할 수 없는 위험한 지역도 있습니다. 인프라는 오래됐고 작업은 예정대로 진행되지 않으며, 파업투성이로 기차나 버스의 시간표는 엉망입니다. 계급 차이가 큰 것도 젊은 계층이 일을 얻는 것도 일본보다 훨씬 어렵습니다. 일본이 몇 배나 살기 쉽지만, 그것을 모르는 프랑스인은 일본인을 높은 시선에서 단죄하려 듭니다.

카를로스 곤은 레바논인이지만 브라질에서 태어나 프랑스의 교육을 받은 엘리트입니다. 프랑스에서는 자국의 엘리트로 인식되어 부서져 가던 극동의 대기업인 닛산을 구한 영웅으로 취급되고 있습니다. 그러나 이러한 사건이 일어나고 프랑스 엘리트인 사람이 극동의 '후발주자'에게 심한 고충을 겪고 있다는 구도에 주목하는 프랑스인도 있습니다. 게다가, 일본인을 얕보아도 반격하는 일은 없다고 그들은 알고 있습니다. 일본사람들은 매우 대하기 편하고 얌전한 데다 우습게 보더라도 반격한다는 문화가 없습니다.

비판받거나 바보 취급당해도 참아내는 것이 일본의 방법입니다. 그러나 그것이 쌓여 일정한 선에 다다르면 대폭발하는 것입니다. 그런데 중국은 그렇게 두지 않습니다. 이탈리아 패션 브랜드 D&G에 따르면 젊은 여성이 젓가락을 사용하여 피자와 파스타를 먹는 모습을 재미있게 그린 광고 동영상이, 많은 중국인의 분노를 사 버렸습니다. 그 결과, 회사의 중국 패션 쇼는 취소되어 M커머스 사이트에서 상품이 내려지는 사태로 이어져 버렸습니다.

유럽 감각으로는 전혀 비하하는 의미는 없으며, 단순히 재미있고 이상하게 만들어 보려고 한다는 것이었겠지요. 젓가락으로 거대한 피자와 과자를 먹으려고 하는 여성들은 조금 머리가 나쁜 것 같은 느낌이 되고, 좋은 인상을 주는 것이 아니었습니다. 중국 측에서 보면 바보가 되어 있다고 느껴도 어쩔 수 없을 것입니다.

  그 정도의 일로 화를 내면 어떡하냐고 생각하는 사람도 있을 수 있지만, 서양인은 '동양인은 머리가 나쁘고 서양의 것을 잘 소비할 수 없는 미개한 사람들'이라는 잠재적 의식이 있다는 것을, 일본인도 잘 이해해 두는 편이 좋을 것입니다. 프랑스인만이 아닌, 이탈리아 사람과 다른 유럽인에게도 여전히 동아시아는 더 열등한 존재이고, 내려보며 당연하다는 의식이 있는 것은 사실입니다.

  그것은 인지 기능이 약해지기 시작한 노인들의 간병을 하거나 술에 취한 현지인과 접촉하면 잘 알 수 있습니다. 이성의 통제가 떨어지면 동양인에 대한 욕설이나 매도가 시작되기 때문입니다. 저는 술에 취한 이탈리아인과 영국인에게 길에서 여러 차례 욕설을 들었던 적이 있습니다. 또한, 치매가 조금 있는 노인들로부터, 동양인은 차례를 지키지 않는다거나, 일본인의 전시 중의 행위가 심각했었다며 욕지거리를 들을 수 있습니다. 평상시는 이성으로 억제하고 있어도 본심이 나오면 이런 상태입니다.

  이러한 현실이라는 사실을 실제로 유럽에 살고 현지 사람과 비즈니스와 학업에 깊이 관여하게 되면 크게 느껴지지만 일본 국내에만 머물면서 '일본 대단해.'라고 부르짖는 콘텐츠를 끊임없이 소비하고 자랑스럽게 느끼고 있는 사람들로 전혀 전달되지 않는 계층이 있습니다. 그렇습니다. 그 터무니없는 풍자만화에 대한 일본의 보수파 사람들이 전혀 아무런 반응을 보이지 않는다는 것이 매우 놀라운 일입니다만, 유럽이나 북미 사람들 앞에서는 평상시의 용기와 열정은 사라져 버리고 마는 것일까요?

제4장

# 세계의 '최신 정보'에 무지한 일본인

## ✳ '노란 베스트 운동' 확대 원인은 Facebook 알고리즘 변화?

2018년부터 2019년 유럽에서 화제가 된 뉴스 중 하나는 프랑스의 '노란 베스트 운동'입니다. 일본에서 보도되는 '아름답고 풍요로운 프랑스'와는 달리, 현재 인구의 13.9%가 빈곤 라인 이하의 수입(월수 약 130만 원 정도)으로 살고 있다는 것이 프랑스 정부의 조사에서 밝혀졌습니다.

빈곤은 지역에 따라 다르나 프랑스에서 가장 빈곤층이 많은 것은 코르시카 섬이고 서쪽 해안이나 남부에도 집중되고 있습니다. 빈곤층이 많은 지역은 정치 불만 등으로 과격화되는 사람이 많은 경향이고, 극우 정당의 지지율도 높습니다. 절경의 경치를 이루는 남부 해안을 따라 작고 아름다운 마을에서 사실상 프랑스의 극우 정당인 국민전선의 지지율이 높습니다.

연료비를 끌어올리는 프랑스 정부의 결의는 그 지역 사람들의 강한 반발에 부딪혔습니다. 여하튼 이동 수단이 대부분 자동차이거나 농업과 중소기업을 경영하는 사람도 많기에, 값을 조금 올려도 생활 경제에 영향이 크기 때문입니다.

격노한 주민들은 정부에 대한 반격을 생각하게 됩니다. 이번 데모가 삽시간에 확대된 것은, 프랑스 남부에 거주하는 포르투갈인 벽돌 장인들이 '분노의 그룹(Groupes Colère)'이라는 페이스북 그룹을 조직하기 시작한 것이 계기가 되었습니다.

도로를 폐쇄하고 현지 시청에 항의하는 활동으로부터 촉발되어 '노란 베스트 운동'으로 발전했습니다.

참고로, 노란색 조끼는 프랑스에서 차를 운전할 때 차 안에 보관이 의무화되고 있는, 눈에 잘 띄는 형광의 노란색 조끼입니다. 차가 고장나서 도로에 나갈 수밖에 없을 때 안전을 위해 착용합니다. 저렴하고 모두가 쉽게 얻을 수 있다는 것도 한몫하여 이번 운동의 상징이 된 것 같습니다.

이야기를 처음으로 되돌리면, 이 운동에서 흥미로운 것은 데모를 확장할 때 Facebook의 알고리즘 변화가 깊이 관여하고 있었다는 것입니다. Facebook은 2018년 전반에, 뉴스 피드 알고리즘을 수정하고 로컬 뉴스 및 친구나 지인의 콘텐츠가 우선시되어 공유하도록 변경되었습니다. '분노의 그룹'의 포스팅은 '로컬 뉴스'라고 판단되어, 차례차례 친구

또는 지인에게 퍼져나갑니다. 그때까지 전국 뉴스와 일반 뉴스가 공유되고 로컬 뉴스는 그다지 확산하지 않습니다.

그런데 지금은 많은 사람이 현지의 '분노의 그룹'을 보게 되고, 각지에서 일어난 각 지부의 뉴스가 공유됩니다. 그리고 그것이 쌓여서 전국 규모로 확대됩니다. Facebook은 비즈니스 판단으로 지역 뉴스를 우선시했지만, 뜻밖의 형태로 전국 규모의 운동을 일으키는 데 이바지해 버렸습니다. 이 사례에서 보면 SNS로 운동을 일으키는 것은 알고리즘에 달려 있습니다. 우리의 삶이 어떤 알고리즘에 지배되고 있는지를 잘 알려준 사건입니다.

## ✳ AI의 실체는 머리가 나쁘다!

최근 몇 년간 일본을 포함한 많은 나라에서 화제가 되는 것은 AI(인공지능)입니다. 화제가 되고 있지만, AI가 무엇인지 완전히 이해하는 사람들은 그렇게 많지 않으며, 언론에서 소개되는 AI의 정보도 상당히 표피적인 것이 많다고 느낍니다. 특히 최근 눈에 띄는 것은 AI가 인간의 일을 빼앗아 버린다는 논조입니다. AI가 인간 이상 지능을 가지고 의사결정이나 다양한 처리를 대행하기 때문에, 인간의 일이 점점 줄어들고 있다고 하는 이야기는, 누구나 한 번은 들어 본 적이 있지 않을까요?

그중 일부는 사실이라고 할 수 있습니다. 예를 들어, 금융 세계에서는 인간 대신 컴퓨터가 다양한 데이터를 수집·판단한 후에 거래하는 현장도 있다고 합니다. 최근에는 서비스 업계에서도 한 단계 진보하여 영국의 철도 회사에서는 고객으로부터 받은 불만 사항 메일을 AI가 각 전문 담당자별로 구분하여 보내는 시스템이 실행되고 있어, 지금까지 수동으로 되어 있던 분류 작업이 사라져 버렸습니다.

그러나 잊어서는 안 되는 것은 AI는 어디까지나 컴퓨터 소프트웨어이고, 그 작동원리가 무엇인지를 이해하는 것입니다. 컴퓨터는 어디까지나 입력하지 않으면 움직이지 않습니다. 수집한 데이터를 입력하고, 그리고 어떤 판단을 할 것인가를 컴퓨터가 이해할 수 있는 형태로 설계해 둘 필요가 있다고 합니다.

예를 들어, 병원에서 환자에게 상태를 확인하고 "괜찮습니다."라는 답변을 얻어도 그 사람이 어떤 맥락에서 괜찮다고 말했는지, 목소리의 톤이나 표정은 어땠는지, 어떤 증상이 있었는지, 그러한 모든 세부 정보도 모두 수식으로 고치고, 그렇다면 이러한 판단을 한다고 프로그래밍하지 않으면 AI는 판단할 수 없습니다. 최근에는 기술혁신이 진척되고 있으며, 컴퓨터 자체가 다양한 상황을 바탕으로 자신이 학습하는 메커니즘도 갖추어져 있지만, 대부분은 인간의 두~세 살 아이와 비교해도 훨씬 떨어지는 판단력입니다.

현재 컴퓨터의 한계를 잘 알 수 있는 것은 구글이 문장을 분석한 예입니다. 혐오 발언이나 부적절한 표현을 인터넷상에서 찾아 배제하는 AI도 문장의 도중에 긍정적인 단어가 들어가면 정확하게 판단할 수 없게 된다는 것이 판명된 것입니다.

이것은 영어 사례이지만 영어는 AI 개발에 사용되어 온 주요 언어이며, 지금까지 엄청난 양의 데이터가 축적되었습니다. AI 관련 데이터의 약 70%가 영어였다는 연구도 있을 정도입니다. AI는 입력하는 데이터가 있어 처음으로 기능하는 것이므로, 그 엄청난 데이터가 있는 영어조차도 AI는 여전히 문장의 행간을 읽는다든지, 그 진의를 읽거나 하는 것은 상당히 어려운 것을 알게 되었습니다. 즉 AI는 현시점에서는 생각했던 만큼 머리가 좋지 않습니다.

이러한 문장의 이해는 데이터가 차례차례로 축적될수록 세련되어 갈 것입니다만, 기술이 발달해도 AI에는 인간의 표정을 읽거나 감정에 호소하는 일은 당분간은 어려울 것입니다. 더욱이 정형화되지 않은 작업을 처리하는 것은 상당히 어렵기에 인간의 감정을 다루는 경영 컨설팅, 상담, 교육, 점괘 맞추기, 복장 상담 등을 대행하는 것은 어렵다고 생각합니다. 물리적으로 업무를 할 수 없기에, AI에는 건물마다 모양이 다른 배관의 공사나 전기 공사, 의류의 봉제, 요리 등의 일도 적합하지 않습니다. AI에는 여전히 한계가 있으며, 언론에서 호들갑 떠는 정도로 다목적이지 않다는 것을 명심해야 합니다.

# ✳ 유감스럽지만 신문이나 잡지는 미래가 없다

최근에는 직종(職種)의 미래에 대해 매스컴에서 화제가 되는 경우가 많지만, 세계화와 정보화가 진행되는 현 상황에서, 도대체 어떤 일이 장래성을 기대할 수 있으며 어떤 일이 향후 몰락의 길을 걸을 것인가에 관심이 높은 분도 계실 것입니다. 이처럼 미래를 예측하는 데에는, 일본보다 세계화의 영향이 강하고, 정보혁명이 진행되고 있는 나라의 상황을 보는 것도 도움이 됩니다.

예를 들어, 미국에서 가장 장래성이 없다고 하는 작업 중 하나가 언론(매스컴)입니다. 그 몰락의 정도는 아직도 종이 신문이나 TV가 주류인 일본과 달리 놀라운 속도로 진행되고 있습니다. 일본은 저출산 고령화로 노인이 많은 사회이기 때문에 전통적인 미디어 신문과 TV가 차지하는 비중이 강하다고 할 수 있습니다. 이민이 많은 미국이나 영국 같은 나라에는 젊은 세대가 많고, 특히 미국의 경우 1980년대 이후 태어난 밀레니엄 세대가 가장 큰 소비층으로 되어 있습니다. 젊은 사람들이 많은 사회에서는 전통 미디어가 빠르게 퇴색하고 있습니다.

어느 정도의 속도인지를 말하자면, 미국에서는 보도 기관의 고용이 10년에 23% 정도 줄어들 정도입니다. 즉, 10년 만에 27,000명의 일이 사라졌다는 것입니다. 특히 감소가 심각한 부서는 신문사의 편집부로, 무려 45%가 감소합니다. 일이 사라진 직종은 기자뿐만이 아닌 편집, 교정, 카메라맨, 영업, 한층 더 나아가 그 직장의 총무 인사 등의 일에도 영향이 큽니다. 무엇보다도 기존 미디어 전체가 점점 축소되고 있습니다.

비슷한 경향은 캐나다, 영국, 호주 등의 국가에서도 발생합니다. 영국의 경우, 진보계(리버럴계) 신문인 '가디언'에서는 기자 직군의 구조조정이 행해지고 있습니다. 대조적으로, 중장년 이상의 독자가 많은 보수계 신문인 '데일리 메일'의 기자직은 최근 수년간 호조를 누립니다.

한편 미국에서는 디지털 뉴스 직종이 10년간 74% 증가하고 있습니다. 그러나 7,400명에서 13,000명으로 증가하는 수는 결코 많다고는 할 수 없고, 종이 매체에서 일하던 모든 사람이 전환될 수는 없습니다. 그 이유는 물리적인 종이 매체에 비해 디지털 매체에서는 업무의 효율화가 훨씬 간단하기에, 더 적은 인원수로 일을 수행할 수 있기 때문입니다.

이것은 미디어뿐만 아니라 다른 업계에서도 정확히 일치하며 Google과 Twitter와 같은 대규모 서비스에서도 실제로 업무를 수행하는 직원의 수는 아주 적습니다. 고용하는 사람의 수가 적어도 되기 때문에 이익률이 매우 높은 것은 언급할 필요도 없습니다. 공장이나 인쇄소를 가지고 있지 않아, 많은 인원이 필요하지 않습니다.

디지털 혁명에 의한 업무의 변화나 혁신은 여기에 존재하고, 제조업이 중심이었던 종래에 비해, 고도의 기술을 가진 아주 적은 수의 인원으로 업무를 처리할 수 있고, 수익률도 높아지는 것입니다.

이처럼, 꽤 효율적으로 업무를 처리할 수 있게 되고, 향후 요구되는 부분은 높은 창의력입니다. 정해진 일을 수행하는 간단한 작업 부분은 자동화되어 버리므로, 필요한 것은 그 구조와 수익을 창출하는 방법을 생각할 수 있는 창조적인 사람뿐입니다.

그러나 일본의 많은 가정과 학교에서는 이 점을 이해하지 못하며, 여전히 아이들은 제조업이 중심이었던 시대의 교육을 받고 있습니다. 그들이 20년 후에 직업이 없어지는 비극에 휩싸이지 않기를 기도할 뿐입니다.

## ✳ 왜! 부유층의 풍족함이 이어지는 것일까?

인터넷 개발로 어디서나 일할 수 있음에도 불구하고 세계의 과학기술 집단은 특정 도시에 집중되는 것이 흥미로운 점입니다. 공장과 같은 물리적 생산 장소가 필요하지 않지만 어디서나 일할 수 있는 지식 산업의 인원들은 왜 그런지 특정 도시에 모여 있으며, 오히려 그 집중도는 해마다 높아지고 있습니다.

예를 들어 영국의 경우, 런던 외에도 케임브리지, 옥스퍼드, 버밍엄, 뉴캐슬과 같은 도시에도 약간의 기술(tech)기업이 있지만, 대규모 집단을 형성하지는 못했습니다.

독일에서는 베를린, 프랑스에서는 파리, 다른 유럽 국가에서는 수도에 모이는 경향이 강합니다. 미국은 실리콘밸리와 뉴욕, 워싱턴, 오스틴, 시애틀 등의 도시에 산재하고 있습니다만, 이는 20년 전과 그다지 변하지 않았습니다. 캐나다에서는 토론토와 오타와 몬트리올, 밴쿠버가 해당합니다만, 역시 큰 변화는 없다고 할 수 있습니다.

왜 사람들이 물리적으로 특정 도시에 모이는가에 대해 경제 지리학에서도 연구가 진행되고 있습니다만, 역시 '부의 축적에 유리하니까.'라는 것이 가장 큰 이유라고 할 수 있겠습니다.

미국에서 남북 전쟁 후 부유층이 부를 어떻게 부활시켰는지에 관한 연구 개요를 읽어보면 현시대의 테크 기업이 특정 도시에 집중하는 이유를 이해할 수 있다고 생각합니다. 남북 전쟁 이후 정부에 의해 부를 몰수당한 노예주였던 백인 부유층들은 비교적 단기간에 다시 부를 얻는 데 성공하는데, 그 열쇠가 된 것이 인적 네트워크였습니다.

그들이 다시 풍부함을 누리기 위해 채용한 수단이란, 다른 부유층 가정과의 결혼이나, 원래 가지고 있던 인적 네트워크와 노하우를 살린 비즈니스 전개입니다. 부의 원천은 이러한 인적 네트워크와 지식을 효과적으로 활용할 수 있는 커뮤니티에 속하는 것이었습니다. 즉, 부를 창출하는 힘은 지식과 사람과의 연결이며, 그 접근성을 유리하게 하는 장소에 사람은 모인다는 것입니다.

인터넷의 발달로 장소를 가리지 않고 일을 할 수 있게 되어도, 역시 유리한 정보를 얻기 위해서는 사람들을 만날 필요가 있고 협력자를 찾기 위해 사람과 사람이 커뮤니케이션(소통)하는 것이 중요합니다. 또한, 회식이나 술자리와 같은 비공식적인 장소에서 사람들을 사귀는 것이 비즈니스 아이디어를 활성화할 수 있습니다.

테크 기업이 집중하는 지역은 동업자가 모이는 카페에서 여러 가지 이벤트가 열려, 공식적인 장소뿐만 아니라 비공식적인 장소에서 많은 사람과 알게 될 기회가 있습니다. 이것이 대학가와 같은 개방적인 분위기의 영역이라면 일의 계층이나 직함과 관계없이 스스럼없이 대하는 인간관계를 구축하는 이점이 있습니다. 정장이 아닌 청바지에 티셔츠 차림으로 "나, 이런 일을 하고 싶네."라고 잔디밭에 앉아서 이야기를 나누고, 그런 느낌으로 비즈니스 이야기가 시작됩니다. 이것이 사무실로 꽉 찬 거리의 도시라면 그리되기 쉽지 않습니다.

이것은 중세 이탈리아가 유럽의 발명과 창조의 중심이었던 것과 완전히 일치합니다. 도시 국가가 개인의 경제적 자유와 표현의 자유를 보장하였기 때문에 창조적인 사람들이 유럽 전역에서 모여들었습니다. 예술과 발명은 도시를 풍요롭게 하고, 더욱 우수한 사람들을 불러들여 다양한 상호작용이 탄생했습니다. 표현의 자유를 보장하는 것은 당시 검열에서 벗어나고 싶어 하던 사람들도 끌어들여 창작활동을 활성화한 것입니다.

부를 창출하기 위해서는 다양한 사람들이 교류하고 아이디어가 교환되는 것, 시장이 원활하게 작용하는 것과 지식의 자유로운 발달을 촉진하는 표현의 자유를 보장하는 것이 중요합니다.

한편으로 이것은 자원의 재분배가 이루어지고, 평등한 사회를 만드는 것에 대한 커다란 의지의 표출이기도 합니다. 부가 만들어지는 지역의 거주자와 노동자가 부유층만이 되어 버리는 것, 그 계층은 고정되어 버립니다. 빈곤층과 중류층은 부유층이 얻을 수 있는 교육이나 지식, 인적 네트워크와 분리되어 접근할 수 없게 되기 때문입니다.

부유층은 그것들을 독점하고 싶을지도 모릅니다만, 부가 편향되면 중류층 이하는 더욱 가난해져 사회는 살벌해집니다. 또한, 부유층이 생산하는 상품과 서비스를 구매할 수 있는 사람이 줄어 사회 전체가 가난해져 버립니다. 더욱이 중류 이하의 계층에도 재능이 있는 사람이 있어, 계층이 고정되어 버리면 그들이 능력을 발휘할 기회가 없어져 사회적 손실이 됩니다.

그렇기에 다양한 계층이 학교나 거주지에서 서로 어우러지는 시책이 중요합니다. 빈곤층의 아이가 대학에 진학할 수 있는 장학금의 제공이나, 공영 주택을 만들어 다양한 계층이 어울려 사는 도시계획은 부유층을 위한 것이기도 합니다.

## ✳ 일본 기업의 채용방식은 AI 시대에 걸맞지 않다

일본기업의 채용방식은 지난 40년 정도 크게 변하지 않았습니다. 많은 기업에서 신졸(대학을 막 졸업함) 학생의 일괄 채용을 해 중장기적으로 종업원을 고용하는 것을 전제로 하는 곳이 대다수입니다. 일본 기업의 고용 형태도 변모하고는 있습니다만, 채용에 관해서는 큰 변화를 보이지 않습니다. 이 신졸 일괄 채용과 같은 방법은 영미에서도 실은 40년 정도 전에 존재하고 있던 방법입니다. 영국인인 남편의 부모 세대와 그 위의 세대는 신졸 대량 채용으로 종신 고용과 같은 형태로 일하고 있었습니다.

제가 미국에 유학했을 무렵에 의탁했던 선교사의 부부도, 1950년대에 일하기 시작했고, 유사한 형태로 고용되어 일했습니다. 그런데 두 나라 모두 IT 등의 지식 산업이 등장하면서 채용 방식도, 고용 형태도 크게 바뀌어 버립니다.

신졸(막 대학을 졸업한 사람)은 취직하기가 어려워지고 중도(경력직) 채용이 당연해졌습니다. 종신 고용은 사라지고, 개인의 전문 분야에 따라 필요할 때 중도 채용하는 형식이 증가하고, 현재는 정규직의 비율을 최대한 줄이고 초단기간의 프로젝트에 고용 계약을 맺는 형태가 늘고 있습니다.

게다가 지난 5년 정도 사이에 눈에 띄었던 것이 솔루션에 주목한 채용입니다. 엔지니어나 프로그래머 등으로 구성된 여러 팀이 새로운 응용 프로그램과 서비스 등의 개발에 임해, 그 성과나 아이디어를 경쟁하는 이벤트인 '해커톤(Hack와 Marathon을 조합한 신조어)'과 대학 캠퍼스의 문제 해결 이벤트 온라인 경연대회 등에서 실제로 과제를 제시할 수 있고 재미있는 솔루션을 제안할 수 있는 사람이나 그룹을 채용하려하는 기술 기반 기업이 늘어나고 있습니다. 즉, 평가하는 포인트가 출신 학교나 학위가 아닌, 해결책이나 창의성이 되고 있습니다. 이 경향은 세상이 AI 시대로 전환되는 것과 밀접한 관계가 있습니다.

AI(인공지능)는 원래 인간이 알고리즘을 설계하고 입력함으로써 인간이 효율적으로 의사결정을 할 수 있도록 하는 도구입니다. AI는 궁극적으로 인간을 더욱 현명하게 만드는 기술입니다.

그래도 그 근간이 되는 것은 사람이 설정하고 입력하는 데이터의 질을 판단하는 것도 사람이므로, 인간이 기계로 대체되는 것은 아닙니다. 물론 사무 작업이나 정형화 작업, 행동 패턴의 검출 등은 AI가 대행하여 사람이 하고 있던 일을 자동화할 수 있도록 하지만, 비즈니스 프로세스에서 모든 것을 AI가 실행하는 것은 아닙니다.

즉, 인공지능을 만들기 위해서는 창의력과 문제를 해결할 능력이 있는 사람을 필요로 한다는 것입니다. 이러한 능력은 이력서나 학력만으로는 알 수 없어, 실제로 눈앞에서 물건을 만들게 하거나 문제를 해결하게 하여, 인재인지를 판단하는 것이 빠르겠지요. 그리고 기술의 변화도 이전에 비하면 빠르게 변하고 있으므로, 학습 능력의 수준 등도 중요하게 작용합니다.

18살 나이의 시점에, 가지고 있는 핀포인트가 되는 작업에 대한 암기 능력이나 테스트에 답변하는 능력이라는 것은 AI 시대에는 그다지 의미가 없고, 이러한 암기력이나 테스트에 정확하게 답하는 능력이 유효했던 것은 제조업이 산업의 중심이며, 대량생산이 자유로웠던 시대였기 때문입니다.

세계에서 이러한 변화가 있는 상황임에도 일본 기업은 여전히 신졸

(막 대학을 졸업한 사람) 일괄 채용을 합니다. 사실상 종신 고용 제도가 붕괴하고 제조업은 점점 쇠퇴하고 있지만, 40년 전과 비교해서 아무 변화가 없습니다.


## ✳ IT 업계 내의 격차는 창조성을 파괴한다

저의 최근 관심사는, 미국의 스타트업 중에서 직원이 노조를 결성하여, 회사에 대해 불만을 제기하는 경우가 증가하고 있는 것입니다. 그중 하나인 대형 클라우드펀딩인 킥스타터사는 대우나 보상으로 회사에 불만을 제기한 전형적인 사례입니다. 제조업 및 서비스업과 다르게 테크 기업의 직원이 노조를 만드는 일은 별로 없고, 스타트업 업계에서 이러한 움직임이 표출되는 것은 놀라운 일입니다.

근본적으로 IT 업계는 일하는 사람의 기술과 전문성이 상당히 세분화되어 있어서 제조업이나 서비스업처럼 직원들이 집단으로 결속하여 대우나 임금을 고용주 측과 협상하는 동기가 없었습니다. 임금도 전문 분야에 따라 격차가 심해 이직도 자주 이루어지며, 개인 컨설턴트로 일하는 개인이 운영하는 곳도 많으므로, 집단을 형성할 기회도 많지 않습니다.

게다가 많은 테크 기업에서는 직원의 급여가 상당히 높아져 있고, 그 나라 안에서 가장 좋은 대우인 경우가 많기에 불만을 토로하는 경우는 거의 없었습니다.

그런데 미국에서는 2018년, 구글이나 마이크로소프트, 아마존, 세일즈 포스, 우버 등의 기업에서 성희롱 사건이나 정부와 결탁한 것에 항의를 표명한 종업원들의 움직임이 표면화되었습니다. 2018년에는 Facebook 보안 부서의 최고 책임자와 주요 임원이 말도 없이 은퇴해 버렸습니다만, 이 또한 도덕적 책임을 무시한 경영진의 요구에 반대한 것이 퇴직 이유의 하나였습니다. 도덕적으로 받아들일 수 없는 일은 원하지 않는다는 주장으로부터의 퇴직입니다.

이러한 경우처럼 매우 높은 급여를 받고 직업 환경도 그리 나쁘지는 않습니다만, 경영진과 자신들과의 사이에 업무과제와 급여에 관해서 너무 많은 차이가 있다고 인식하는 사람이 늘어나고 있는 것입니다.

그런 분위기가 만연하면 새로운 솔루션과 제품을 개발하는 데 있어서 크게 발목을 잡힐 것입니다. 실리콘밸리 업계의 테크 기업은 급속 성장과 이익의 확대를 중시하는 만큼, 스스로 창조성을 희생해 버릴지도 모릅니다.

한편, 사양산업 기술을 취급하는 엔터프라이즈 계열의 회사와 소소한 인프라 계열의 회사에서는 노조 결성이나 성희롱 소송 같은 움직임이 없는 그조차도 마음에 걸리는 것은 왜일까요.

## ✳ 의사결정을 좌우하는 것은 '감정'

비즈니스 세계에서 논리적 사고방식이 고객과 임원의 의사결정을 좌우한다는 생각에서 논리적 사고를 훈련하는 사람이 적지 않습니다. 하지만 실은 가장 최근의 동향으로서 비즈니스나 정치에서도 중요해지고 있는 것이 '감정의 움직임'입니다.

최근 SNS의 등장으로 많은 사람의 감정들이 정치적 결정을 좌지우지하는 것이 증가하는 경향을 느끼지 않습니까? 영어권에서는 이것을 '이모클래시'라고 부릅니다. '민주주의'를 의미하는 democracy와 '감정'을 의미하는 emotion을 더한 신조어입니다. 정치 또는 비즈니스에서 사람들의 의사결정을 실행하는 것이 데이터나 논리가 아니라, 어떻게 느꼈느냐에 의해 드러납니다.

예를 들면, 그 대표가 되는 사례로 트럼프 대통령의 탄생이나 Brexit라고 할 수 있겠지요. 유권자가 감정에 따라 목소리를 높이거나 손익의 감각으로 투표 행동을 결정하면 일어날 수 없다고 생각하던 일이 일어나 버렸습니다. 게다가 그것은 한 나라와 한 지역에서만 야기되는 것이 아니라, 복수의 영역에서 동시다발적으로 일어나고 있습니다.

이는 특정 기업에 대한 비판이 일거나 특정 기업의 상품이 초단기간에 폭발적인 붐을 일으키는 경우와 같습니다. 예를 들어, 일본에서는 최근에 기업 성차별 CM에 대한 비판이 일어나 방송 중단에 몰린 경우가 적지 않습니다. 이 또한 에모클라시에 의한 것이지요.

SNS는 많은 사람이 서로의 감정을 공유하기 쉬워지고, 그 목소리는 점점 확대 생산되어, 그 모양은 마치 확성기인 것만 같습니다. 종래의 포퓰리즘 정치 및 기존 기업의 제안형 마케팅을 통한 붐을 일으키는 것과 완전히 다른 움직임이라 느껴집니다. 한때 정치인과 기업이 이끌고 많은 자금을 투입하여 붐을 조성하고 있었지만, 지금 SNS에 의한 감정의 소용돌이가 마치 감염증처럼 넓고, 깊고, 급속하게 퍼져나가는 시대인 것입니다.

## ✳ 싫으면 싫을수록 그는 출세한다. 정답!

왠지 싫은 성격의 사람일수록 출세한다고 느낀 적 없습니까? 실은 그 직감이 틀리지 않습니다. 최근 리더십 연구 및 조직관리 영어권 연구에서 승진과 성격의 연관성이 연구되고 있습니다만, 학회가 발행하고 있는 「Journal of Personality and Social Psychology」 지에 게재된 연구는 그 직관의 정확성을 증명하고 있습니다.

이 조사에 의하면, 협조성의 높이와 수입의 레벨은 반비례하고 있다고 합니다. 협조성이 높은 사람은 관리직이 될 수 없을 가능성이 크고, 특히 남성의 경우에는 더욱 두드러집니다. 즉, 자신의 이익을 우선시하고 타인을 제지하고 자기 의사를 관철하는 사람은 승진하기 쉽고 높은 보상을 얻을 수 있다는 것. 더 흥미로운 것은 협조가 있는 것처럼 보일지라도, 쟁점에서 자신의 영역을 적극적으로 주장하는 사람은 부자가 되기 쉽고, 더욱 높은 수입을 얻고 있습니다.

이런 사람, 회사에 많이 있습니다. 말하는 방법과 태도는 매우 부드럽지만, 사실 교활하고 정치적 수완이 있는 사람은 회사에서의 차별화에도 유리하게 대처하기 쉽다는 것입니다. 겉보기엔 점잖은 것 같지만 실은 공격성이 높은 사람이라 보아야 하지요.

한편, 주위를 배려해 바로 타협하는 사람은 원하는 것을 얻을 수 없고 적은 수입에 머무를 수밖에 없습니다. 이것은 매우 불합리한 사실이지만 자연계에서의 경쟁 원리주의를 상정하면 납득할 수밖에 없습니다. 확실히 기업 경영자와 스포츠 선수는 자기주장이 강하고 성격이 별로 좋지 않은 사람도 많다고 생각합니다.

물론 생물계에서 살아남은 생물은 변화에 적응하여 살아남을 수는 있었지만, 살아남았다고 해서 더 많은 활동 영역과 먹이를 얻을 수 있다는 것은 아닙니다. 주위에 맞추어 가늘고 길게 살아갈지, 아니면 더욱더 자기주장을 하며 타인을 떨어트리고 더 많은 것을 얻어갈지, 어느 쪽이 더 좋을지 나쁠지를 따지는 것이 아니라, '도대체 어느 쪽이 행복할까?'에 대해 가려보자는 것입니다.

# ✳ 창조적인 직장은 상사가 나이스

개성이 넘쳐나고 유용한 제품과 서비스를 생산하는 회사를 방문하면 직원들이 화기애애하고 즐거워 보이고, 평온하고 좋은 분위기가 감돌고 있는 것을 느낍니다. 그 회사가 잘 움직인다는 것도 있지만, 이런 '무언가 재미있어 보이고 아늑함이 좋을 것 같다.'라는 직감은 창조성의 근원이라는 놀라운 연구가 있습니다.

이 연구에서 밝혀진 것은 직장 동료와 부하에게 무례한 사람이 있을 때, 주위에서 보는 사람도 실제로 무례한 행동을 한 사람도 생산성과 창의성이 떨어진다는 것입니다. 또한, 폭언을 내뱉거나 엄히 꾸짖을 때 본인뿐만 아니라 주위에 사람들도 부정적인 감정을 얻게 되고, 새로운 제안과 도전을 할 수 있는 유연성을 점점 잃어 간다는 것입니다.

상사가 항상 화가 나 있거나 너무 엄한 직장이라면 뭔가 재미있는 것을 생각하려는 기력은 스트레스에 묻혀 버릴 것입니다. 언제 해고될지도 모른다는 불안감에 사로잡혀 새로운 사안에 도전하고자 하고픈 마음도 생길 수 없다는 것이 당연합니다.

이것은 "달걀이 먼저인가 닭이 먼저인가?"라는 이야기가 되어 버립니다만, 역시 좋은 서비스나 물품을 생산하는 조직은 직장 분위기가 밝고 서로를 살피면서 좋은 분위기를 만들고자 하는 사람들이 모여 있습니다. 그런 사람들이 모이기 때문에 새로운 걸작이 개발되고, 실패를 두려워하지 않고 무엇이든 재미있는 일을 해보자는 좋은 순환구조가 발현하는 것입니다.

한편, 직원을 엄격하게 관리하거나 압력을 가함으로써 회사는 성장할 수 있다고 경영진과 관리자가 착각하는 조직도 있지만, 실은 단기적으로나 장기적으로 비즈니스에 상당히 불리해집니다. 조직 전체의 성과를 높이고 싶다면 직원을 살펴보고 즐거운 분위기를 조성하는 경영이 맞는다는 것입니다.

그러므로 블랙 기업이나 너무 엄격한 기업은 장기적으로 보면 크게 성공할 수 없습니다. 확실히 말썽 많은 기업을 방문해 보면 어딘지 모르게 어두운 느낌이 들고, 직원도 위축된 경우가 많습니다. 회사에 전화를 걸어도 오퍼레이터나 접수하는 사람이 힘없어 보이기도 합니다.

따라서 직장의 성과를 높이고 싶다면, 횡포한 관리직이나 타인에게 무례를 범하는 사람이 있다면 즉시 전환 배치하거나 해고해야 합니다. 그러한 사람들의 행동은 숫자 위에서 단기적인 성과뿐만 아니라, 조직 전체에 대해서도 상상 이상의 부정적인 영향을 미치고, 그것은 곧 치명적인 피해로 되돌아옵니다.


## ✳ 직무를 빨리 끝내고 싶으면, 많이 일하지 말고 많이 자라

일본인의 샐러리맨 중 상당수는 매우 성실하므로 수면 시간을 줄이고 일하거나 공부하는 것이 높은 생산성으로 연결된다고 생각하는 사람이 많다고 봅니다. 하지만 실질적으로 이처럼 일하면 생산성이 떨어지고 단기 또는 장기간의 비즈니스 성과는 저하되어 버립니다.

비즈니스 성과와 휴식의 관련성을 국가 간 비교 데이터로 보면 효율성 올리고 싶다면 많이 자고 많이 쉬는 것이 좋다는 것을 잘 알 수 있습니다. 이러한 데이터를 보면 일본의 수면 시간은 가장 짧습니다.

수면 시간을 줄이고 오랫동안 일하는 편이 더 생산성이 향상된다고 착각할 것 같습니다만, 불행히도 잘사는 나라일수록 오랜 시간 자고 있다는 것을 알 수 있습니다. 한편, 개발도상국은 수면 시간이 짧은 나라가 적지 않습니다.

수면 시간을 장시간 확보할 수 있다는 것은 노동 시간이 길지 않다는 것입니다만, 그리해도 그 나라의 비즈니스가 창출하는 부가가치는 높아지고 있습니다. 즉, 긴 수면 시간은 작업의 효율성과 연결되어 있습니다. 특히 북유럽 국가와 독일은 의외로 수면 시간이 길고, 일본과 비교하면 수면을 충분히 취하는 사람이 대부분을 차지하는 것을 알 수 있습니다.

한편 개발도상국은 시간당 생산할 수 있는 부가가치가 적으므로 수면 시간을 줄여서 오랜 시간을 일하지 않으면 많은 부를 얻을 수 없는 것입니다.

그런데 선진국 가운데 일본과 한국은 예외적으로 수면 시간이 짧은 것이 눈에 띕니다. 일본과 한국의 통근 시간이 길다는 것도 원인의 하나라고 생각하는 사람도 있겠지만, 주택 사정은 북미나 유럽도 그다지 좋지는 않고, 런던이나 파리에서도 편도 한 시간 반이나 두 시간이 걸려서 출퇴근하는 사람이 적지 않습니다. 그만큼 통근 시간이 긴데 수면은 충분히 확보되고 있다는 것은, 일하는 시간이 짧거나 재택근무가 가능하다는 것과 관련되어 있습니다. 즉, 일본이나 한국보다 효율적으로 일하고 있다는 것입니다.

근무 시간이 길고 수면 시간이 짧으면 뇌도 몸도 피폐해지므로 직원의 창의성은 어쩔 수 없이 저하되어 버립니다. 또한, 우울증과 같은 정신적이나 신체적인 질환에 걸리는 위험이 증폭되기 때문에 휴직하는 직원이 발생하고, 직장의 가동률도 떨어지게 됩니다. 건강하지 않은 사람이나 좌절하는 사람이 늘어나면 직장의 분위기도 현저하게 나빠질 것입니다. 피로에 시달리는 사람이 많아지면 산재 사고가 많아지는 경향도 당연한 이치입니다.

즉, 더 나은 서비스와 상품을 만들어 생산성을 높이고 싶다면 휴식을 충분히 취해야 하고 일을 빨리 마치고 싶다면 오랜 시간의 수면을 필요로 합니다.

## ✳ 피로 해소에 가장 효과적인 방법이란?

일본에서는 일에 지치면 영양음료를 마시거나 사우나에 들어가거나 잔업 후에 한잔하러 나가서 피로를 풀어주는 사람이 있지만, 사실 그런 것은 과학적으로 좋은 효과는 인정되지 않습니다. 하버드 대학의 연구에 따르면 신체의 에너지 원천은 Adenosine Triphosphate(ATP)라는 세포로, 이 세포의 회복을 돕기 위해서는 인간으로서 원리 원칙을 지키는 것이 아주 중요합니다.

피로를 풀기 위해서는 신체에서 원리 원칙적인 네 가지를 실행하는 것이 최적의 방안이라고 합니다. 가장 중요한 것은 식생활이며, 양질의 단백질과 과일을 자주 섭취하는 것입니다. 성실하게 자주 섭취하는 것이 포인트로, 단번에 폭식하면 피로가 남습니다. 이는 몸이 어떻게 영양 대사가 일어날지 생각하면 납득할 것입니다. 신체도 뇌도 에너지를 그때그때 필요로 하므로 소량의 식사를 세세하게 나누어 섭취함으로써 에너지를 적절히 보급할 수 있습니다.

다음으로 중요한 것은, 남성이라면 수분을 하루 3.7리터, 여성이라면 2.7리터 마시는 것입니다. 이는 차나 커피가 아니라 어디까지나 물입니다. 차와 커피에는 이뇨 작용이 있어 체내에 수분을 유지할 수 없으며, 점점 밖으로 나가려 합니다.

영양음료 및 스포츠음료에는 설탕과 다양한 첨가물이 포함되어 있으므로 지나치게 많이 마시면 열량이 과도해지고 몸에 부담이 됩니다. 치아에도 좋지 않습니다. 신체에 가장 적합한 것은 뭐라 해도 물입니다.

하지만 단번에 마시면 이뇨 작용이 바로 일어나면서 곧바로 체외로 나오기 때문에, 중요한 것은 소량을 조금씩 마시는 것입니다. 그러나 일본인은 차와 커피를 선호하는 사람이 많고, 물을 마시는 데 익숙하지 않기에 2리터 이상의 물을 마신다는 것은 상당히 어려울 수도 있습니다.

그리고 더 중요한 것은 '잘 자는 것'과 '정기적인 가벼운 운동'을 하는 것입니다. 이것도 기본적이지만 인간은 수면 중에 뇌의 노폐물을 처리하기 때문에 수면이 충분하지 않으면 뇌 내에 피로물질이 점점 축적되어 갑니다. 성인의 경우 최소한 하루에 7시간 이상은 자지 않으면 뇌의 퍼포먼스를 충분히 발휘할 수 없습니다.

또 정기적인 가벼운 운동은 근육의 피로 해소에도 매우 중요합니다. 가사와 정원작업, 계단의 오르내림, 한 역을 걸어서 가는 등, 일상적인 동작 하나하나가 운동이 되기 때문에 체육관에 다닐 필요가 없습니다.

## ✳ 세계적인 부호는 예술품을 사들이고 있다

최근 들어 세계에서 가격이 눈에 띄게 급상승하는 것이 예술품입니다. 르네상스기와 인상파 거장의 작품뿐만이 아니라, 현대 예술품의 작품 가격이 이상하리만큼 치솟고 있는 것입니다.

현대 미술에 관해서는 2017년 6월부터 2018년 6월까지의 89%의 작품의 매매는 단 500명의 예술가 작품에 집중되고 있었습니다. 특히 그 상위 세 명을 이룬 것은 장 미쉘 바스키아(Jean Michel Basquiat), 피터 도이그(Peter Doig), 루돌프 스팅겔(Rudolf Stingel)입니다.

ZOZOTOWN의 마에자와(前澤) 전 사장이 사들여 일본에서도 지명도가 높은 현대 미술가 바스키아의 작품은 2000년부터 2017년 사이에 가격이 1,880%나 상승하고 있다고 합니다.

이처럼 가격이 급등하고 있는 아트를 도대체 누가 사고 있는가 하면, 그 대부분은 중국과 인도, 걸프 국가 등 신흥국의 부유층입니다. 그들이 열심히 수집하는 것은 특히 현대 예술로, 그 가격은 2000년 이후에 급등한 예가 눈에 띄고 있습니다.

왜 부유층이 이렇게까지 예술 작품을 사들이는 데 집착하는가 하면, 그는 예술로서의 가치뿐만이 아니라 오히려 투자로써 의미를 부여하고 있기 때문입니다.

여기서 중시할 부분은 이러한 예술품은 부유층이 자산을 숨기는 데 사용하고 있다는 점입니다. 회화와 조각은 부동산이나 자동차 등에 비해 작지만 막대한 가치를 지니고 있습니다. 작기에 이동도 간편하고 보관도 쉽습니다. 그림이라면 집의 벽면을 장식할 수도 있습니다. 자녀와 가족에게 상속하는 것도 물리적으로 간단합니다.

또한, 현금이나 금괴와 달리 세계 각국의 예술 보관고인 '프리포트'라 불리는 장소에 보관을 의뢰할 수 있습니다만, 어디까지나 예술 작품이므로 운반이나 보관에 관한 규제가 느슨하고, 정부에 알려지지 않고 매매를 성립시키는 것도 가능합니다.

예를 들어, 미국의 연방검사 자산몰수 유닛의 수석인 샤론 코헨 레빈 씨는 예술 세계에서 판매자와 구매자 모두 개인이기 때문에, 리스팅

되어 있으면 어떤 거래가 이루어졌는지 외부에서는 모른다고 말합니다.

예를 들면, 전 은행가인 에드멀 치드 페레이라가 자금세탁을 위해 미국에 가져온 바스키아의 '한니발'이라는 그림은 연방 정부에 의해 발견되었습니다. 그 후 브라질로 돌아왔습니다. 그는 자신의 자산을 1만2천 점의 미술품으로 바꿨다고 전해지고 있습니다. 이것은 돈의 출처를 분명하게 할 수 없는 범죄 조직이나 부유층이, 현금을 한 번 레스토랑이나 부동산으로 바꾸어 깨끗한 자금으로 보인 다음 재판매하는 방법과 정확히 같습니다. 일단 모양이 있는 것으로 바꾸면 그 출처는 들키지 않으므로, 전매하고 깨끗한 돈으로 바꿀 수 있다는 것입니다.

이것은 예술 작품에서도 마찬가지이며, 개인 거래에서 현금으로 작품을 사들이고, 나중에 재판매할 수 있는 깨끗한 자금을 얻을 수 있습니다. 게다가 예술품은 부동산 등과 달리 규제가 거의 없을 수도 있기에 가격을 끌어올리거나 거래를 비공개로 하는 등, 마음대로 할 수 있습니다.

부유층은 예술품의 가치를 찾아내고 작품을 수집하는 것이 아니라 어디까지나 투자하고 금괴나 부동산처럼 취급하고 있습니다. 여기서 중요한 것은, 거래의 용이성과 가격이 상승한다는 것으로, 뭐라고 할까? 특정 아티스트에 매매가 집중된다는 것입니다.

제5장

# 세계의 '교양'에 무지한 일본인

## ✳ **세계의 부유층은 복수의 국적을 소유**

사람이 살아가는 데 있어서 가장 중요한 것의 하나는 '자기 몸을 지키는 것'입니다. 일본인들은 상상하기 어렵다고 생각합니다만, 자기 몸 하나 지키기가 몹시 어려운 상황에 있는 나라나 지역은 다수 존재합니다.

그 이유로, 살고 있는 나라의 정치 정세의 불안정함이나 치안의 나쁨 등을 들 수 있습니다. 일본인들에게는 당연하게 여겨지는 안정된 정치 정세는, 세계적으로 보면 결코 당연하다고는 할 수 없고, 오히려 어색하게 다가오는 편입니다. 미국이나 캐나다, 서유럽의 국가들, 그리고 일본 정도라고 할 수 있습니다. 아주 쉽게 나누면 G7이나 G20에 들어가는 나라 이외는 나라 자체가 언제 어떻게 될지 모르는 상황입니다.

즉, 전 세계의 대부분은 매우 불안정한 상황 속에서 살고 있습니다. 그러한 나라에 사는 사람들, 특히 부유한 사람들은 항상 자신의 나라를 탈출할 수 있는 수단을 준비하고 있습니다. 그 방법의 하나는 다른 나라의 여권, 즉, 국적을 얻는 것입니다.

정치 정황이 불안정한 나라는 동시에 경제적으로 가난한 경우가 많으므로 해외에서 활약하는 사람을 완전히 놓치지 않도록 이중 국적을 인정하는 경우가 적지 않습니다. 일본을 포함한 이중 국적을 인정하지 않은 국가는 전 세계를 아무리 눈 씻고 찾아봐도 극히 소수에 해당합니다.

선진국 중에서도 특히 식민지를 가지고 있던 유럽 국가들은 그 대부분이 이중 국적을 인정하고 있습니다. 국경을 넘어 여러 나라에 살거나 일을 하는 사람이 늘고 있는 요즘, 국민에게 이중 국적을 인정하는 편이 자국에 유리하게 작용하는 경우가 많습니다. 이러한 상황이므로, 부유층이 복수의 국적을 소유하고 있는 것은 결코 드문 일이 아닙니다.

그렇다면 어떻게 자국 이외의 국적을 얻을 수 있을까요? 결혼으로 그 나라의 영주권을 얻은 후에 국적을 취득하는 방법, 혹은 부모 중 어느 쪽인가가 타국 출신인 경우가, 다른 나라의 국적을 획득하는 극히 일반적인 경위가 될 것입니다. 그러나 어느 쪽에도 해당하지 않는 부유층에게 가장 빠른 방법이 있습니다. 그것은 '국적을 사는' 방법입니다.

경제적인 기반이 취약하고 산업이 약한 나라는 자국의 국적을 부유층에 팔아 국가 수입을 얻고 있는 일이 드물지 않습니다. 그런 나라 대부분은 구 영국 식민지입니다. 구 식민지이기 때문에 여권의 효력이 구공산권이나 신흥국에 비해 강력합니다.

현재 10개국이 돈만 내면 국적을 부여하는 구조가 구축되어 있습니다. 카리브해의 조세회피처(tax haven)라면 1억 정도로 입수할 수 있습니다만, 부유층에는 세액 공제가 충실한 지중해의 소국 몰타가 인기입니다. 이탈리아 바로 남쪽에 위치하여 여러모로 편리한 데다, 치안도 좋고 기후도 온난합니다. 유럽 각국과의 사이에는 비행기가 자주 날고 있으므로 부담 없이 왕래할 수 있어서, 국내 가까운 섬에 나가는 것 같은 감각입니다.

몰타는 국외에서 얻은 수입에 대해서는 비과세로, 몰타 국내에 수입하는 경우는 일률적으로 15%를 과세합니다. 국적을 부여하는 10개국에서 의외인 국가가 오스트리아로, 280억 정도를 내면 즉시 취득할 수 있습니다. 정부의 개인 정보 보호법에 따라 오스트리아 국적을 취득한 것은 어디에도 공개되지 않으며, 자신의 모국에 통보되지 않습니다. 오스트리아는 부유층을 위한 서비스가 충실하고, 신흥국의 부유층이 이용하는 은행도 있습니다.

마찬가지로 유럽의 키프로스 국적은 24억으로 살 수 있습니다. 키프로스는 영토 분쟁이 있으므로, 외국인 부유층을 두루두루 유치하는 것으로 조금이라도 자국의 입장을 유리하게 하고 싶어 합니다. 또한, 터키는 10억 이상의 부동산을 구매하거나 36억을 터키의 은행 계좌에 3년간 예금해 두면 취득할 수 있습니다.

카리브해에 있는 세인트루시아는 국적을 취득하기 위해 방문할 필요도 없고 거주할 필요조차도 없습니다. 그러나 엄밀하게 법률로 이중 국적이 인정되지 않은 일본에서는 해외 부유층처럼 외국 국적을 취득하려는 사람은 극히 드물다고 봅니다.

원래 나라의 정치 정세도 치안도 안정되어 있고, 또한 189개국(2019년 7월 현재)의 나라에 비자 없이 방문할 수 있는 일본 국적을 버리고까지 다른 국적으로 바꾸는 이점은 크지 않다고 봅니다. 덧붙여서 영국의 컨설팅 회사 '헨리&파트너즈'가 발표하고 있는, 비자 없이 방문할 수 있는 나라나 지역의 수로 '여권의 자유도'를 구하는 순위에서는, 2018년과 2019년의 2년 연속 일본의 여권이 당당한 제1위. 즉 일본 여권은 세계 최강이라는 것입니다.

일본은 인근 동아시아 국가들에 비해 정치와 경제가 크게 안정되어 있습니다. 예를 들어, 정부가 전복된 후에 은행에 맡겨둔 나라의 돈을 모두 탈취해 버리는 사태 등은 일본에서는 일어날 수 없습니다. 군사 쿠데타가 일어날 가능성도 꽤 낮고, 이웃 나라에 공격받는다는 것도 현재로써는 생각하기 어려울 것입니다. 이러한 안정된 상황에 있는 나라는 서유럽 국가와 미국, 그리고 일본 정도로, 세계적으로 봐도 얼마되지 않습니다.

일본과 바로 가까운 중국조차도 많은 사람이 박해되고 희생된 문화대혁명이 종결된 것은, 단 40년 정도 전이며 한국은 북한과 대치하고 있습니다. 인도네시아에서는 때때로 폭동이 발생하고 말레이시아는 낮은 임금 수준과 경제 격차가 큰 문제가 되고 있습니다. 또한, 이들 국가에서는 소수인종인 중국계와 인도계의 사람이 차별받거나 집이나 점포를 습격받는 피해에 휩쓸려 다른 나라로 이주하기까지에 이르는 사람이 많이 있습니다.

외국의 국적을 취득할 필요성에 핍박받지 않는 일본은 실로 축복받은 나라라는 것을 꼭 인식해 주셨으면 하는 것입니다.


## ✳ 늙어가는 것을 두려워할 필요는 없다

일본은, 젊음을 예찬하는 풍조나, 새로운 것을 좋아하는 성향이 매우 강한 나라입니다. 텔레비전의 가요 프로그램은 젊은 아이돌 그룹뿐이고, 뉴스를 읽는 뉴스 캐스터는 젊은 여성과 남성이 눈에 띕니다. 잡지나 신문은 '어떻게 젊음을 유지하는가?' 하는 기사로 넘쳐 화장품 판매장에서는 안티 에이징(노화방지)이 난무하고 있습니다.

아직 30대, 40대의 사람이 '나는 중년이니까.', '이미 나이 들었고.'라는 말을 쉽게 입에 올리고, 그러한 발언에 유럽에서는 놀라운 반응은 보입니다. 유럽에서는 젊은 사람의 입지는 약하고, 나이를 거듭한 중년 이상의 사람은 전혀 위축되지 않고 당당하다는 것입니다.

일본과 비교하면 젊음에 관한 파악 방법이 상당히 다르고, 안티 에이징에 대한 관심도 그다지 높지는 않으며, 미백이나 주름 잡기에 열중하지 않습니다. 특히 이탈리아나 프랑스의 경우는 피부노화 등에 신경 쓰지 않고, 여름은 해변에 나가 태양 아래에서 일광욕하는 것을 당연시합니다.

유럽에서는 역사가 긴 건물이 신축보다 중히 여겨지는 경우가 많습니다만, 이것은 인간에 대해서도 마찬가지입니다. 단순히 젊고 활기찬 사람보다 다양한 상황과 인생을 경험한 노인 쪽이 깊이 있는 인간미를 느끼게 하여, 정중한 대우를 받는 경우가 많습니다. 역사를 중시하는 유럽다운 태세입니다. 인간도 건물도 세월을 견딘 만큼, 어릴 때나 신인 때와 다른 매력이 표출되어 원숙미가 깊어집니다. 자기 경험에서 그렇게 실감하는 사람이 많고, 그러한 의식이 문화로써 뿌리내리고 있을지도 모릅니다.

이러한 유럽의 사고방식을 뒷받침하는 연구도 발표되고 있어 심리학이나 노년학에서는 '지능은 노화와 함께 어떻게 변화할까?'라고 하는 중요한 테마에 대해, 지금까지 다방면의 연구가 진행됐습니다. 또한, 최근에는 검사 장비와 데이터 처리 기술의 발달로 더 많은 것이 밝혀졌습니다. 심리학자 레이몬드 캐텔(Raymond Bernard Cattell)에 의한 분류에 의하면, 지성은 '결정성 지능(結晶性 知能, crystallized intelligence)', '유동성 지능(流動性 知能, fluid intelligence)'으로 나눌 수 있다는 발견도 그중에 하나입니다. 결정성 지능은 오랜 경험과 교육이나 학습 등으로 획득해 가는 지능으로, 고령이 될수록 높아집니다.

한편, 유동성 지능은 순발력과 기억력, 집중력 등의 능력이며, 이는 노화와 함께 쇠퇴합니다. 캐텔은 그렇게 기술합니다. 지성이나 사회적 기능, 어휘력 등의 결정성 지능은 노화와 함께 높아져 가기 때문에 의사결정이나 외국어 학습에는 실은 중년 이후가 유리한 것입니다.

한 심리학의 연구에 따르면, 1,000명 이상을 대상으로 '어휘', '처리 속도', '추론', '기억'의 4가지 검사를 한 결과, 어휘는 고령일수록 점수가 높고 크로스 워드 퍼즐에서는 60~70대가 가장 높은 퍼포먼스를 발휘했습니다. 더군다나 지식이나 기능, 경험치 등에 의한 문제 해결 능력은 60세까지 계속 성장한다고 하는 것입니다. 또한, 기업의 경영자는 60대가 많아 수치상의 지능은 저하되지만, 그들은 적절한 의사결정을 내릴 수 있다고 합니다.

진정한 지능이라고 하는 것은 결코 일면적인 것이 아니고, 주위와의 관계나 체득과정이 쌓여 가는 등의 다양한 경험을 조합한 것이며, 단순한 지능 검사로 계측할 수 있는 결과가 아니라, 매우 종합적이고 복잡하다고 지적하고 있습니다.

많은 사람에게 있어서 일상생활은 비슷한 행동의 반복일지 모릅니다. 하지만 실은 과거에 이루어진 것에 의한 다양한 경험으로부터, 사고방식이나 느끼는 방법을 덧칠해 가고 있습니다. 따라서 경험이 많을수록 자기 행동을 적절히 조정할 수 있게 됩니다.

이것은 자기 경험으로 바꾸어 보면 알기 쉬울 것입니다. 예를 들어, 어렸을 때의 의사결정이나 행동을 되돌아보고, 그리하면 좋았을 걸, 이런 대처 방법이 최적이었다. … 등으로 회상하는 경험은 누구에게나 있을 것입니다. 그러나 그것은 여러 가지를 경험하고 실패와 성공의 반복 학습이 있었기 때문에 생각할 수 있는 것입니다.

경험에서 얻은 지혜를 이길 수는 없습니다. 일본의 마을에서 노인이 매우 존경받고 있었던 시대, '할머니의 지혜 봉투'라고 하는 그것처럼 노인의 지혜는 매우 중요하게 여겨져 왔습니다. 노인들의 종합적인 지성에 큰 팁(tip)이 있다는 것을 사람들은 경험적으로 알고 있었을 것입니다. 그러므로, 자신이 무엇인가 중요한 것을 판단할 때, 자신보다 나이가 많은 사람의 의견을 묻는 것을 추천합니다. 경험이 뒷받침된 시점이나 견해 등에서 수많은 의미 있는 단서를 잡는 경우가 많습니다.

나이가 늘어가는 것을 우려할 필요는 전혀 없습니다. 다양한 경험을 거쳐 점점 현명해져 가고, 종합적인 판단이 잘 된다고 생각하면 인생이 행복함으로 채워져 갈 것입니다. 외국어를 배우거나 바둑이나 철학, 문학, 음악 등 사고의 깊이를 더하며 살펴보는 일을 접해 수행해 보면, 젊을 때보다 많은 것을 얻을 수 있어 인생을 몇 배나 즐길 수 있습니다.

누가 뭐라 해도 젊으면 좋다, 새로운 편이 좋다고 생각하는 일본인의 가치관이 어떤 차원에서 시야가 좁아지는 무지한 것인지, 아셨으면 좋겠습니다. 나이를 먹을수록 부정적인 감정에 빠져들어 인생을 즐길 수 없다니, 아깝다고 생각하지 않습니까?

## ✳ 성공에 중요한 것은 공감력과 감성

일본인의 소셜 미디어에서는, 아이의 중학교 시험이나 고등학교 시험을 열심히 투고하고 있는 사람을 자주 볼 수 있습니다.

그 대부분은, 모의시험이 몇 점이라던가, 이런 것들을 암기해라 등, 종래의 암기형 교육이나 폐쇄형 교육에 관한 것입니다.

그러나 최근 다른 나라에서는 성공에 필요한 것은 주입식 교육이 아닌 '비인지 능력'이라는 생각이 일반화되고 있습니다. 비인지 능력이란 타인의 기분을 얻거나, 사람의 처지나 기분에 공감하거나, 다른 가치관을 유연하게 받아들이거나, 참을 수 있고, 사람에게 양보하거나 … 등, 그런 살아가는 데 필요한 사회적 기능(skill)을 말합니다. 그 밖에도 시간을 조율하는 능력이나 자기에 대한 동기 부여, 실패로부터 일어나는 힘, 예술 작품이나 자연을 보고 솟아오르는 감동 등 주로 감정이나 정서 차원의 감성이나 능력도 비인지 능력입니다.

이것은 시험공부와 같이 무언가를 계산하거나 지식을 습득하고 답변하는 능력과는 다릅니다. 과도한 주입식 교육으로 알려진 중국인조차도 요즘에는 시험이나 습득 결과보다 체험을 중시하는 부모가 늘어나고 있습니다.

최근, 특히 인기가 있는 것으로는, 논의학원(debate school) 이나 캠프, 스터디 투어 등 다양한 체험을 통해 인간관계의 구축 방법이나 비인지 능력을 연마하는 활동입니다.

중국인 유씨는, 딸의 학비가 연 32,000달러(약 3천8백만)나 하는 바이링걸 인터내셔널 스쿨에 다니고 있는 데다, 익히는 과정에 연 14,894달러(약 1,790만)를 지출하고, 그중의 3분의 2는 논의학원에 들어가고 있는 것 같습니다. 딸이 다니고 있는 상하이 논의학원의 교사에 따르면, 중국에서는 유씨처럼 부모들의 교육 방침이 변화하고 있어, 시험에서 좋은 점수를 얻는 것보다 아이의 기쁨이나 체험에 중점을 두고 있습니다.

또한, 미국식 전통 캠프 활동을 제공하는 교육 그룹도 매우 인기가 있습니다. 아이 8명이 그룹을 형성하여 공동으로 야외 활동에 힘쓰는 가운데, 리더십이나 협조성을 익힐 수 있는 육성 프로그램이, 인간관계나 협조성을 배우는 활동을 중시하는 부모들에게 주목받고 있습니다.

경제학상 수상자인 시카고 대학의 제임스 교수가 2007년에 발표한 『유아 대상 투자에 관한 생산성의 논의(The Productivity Argument for Investing in Young Children)』라는 논문이 커다란 화제를 불러 모았습니다. 헤크먼 교수의 전문은 노동경제학입니다만, 근래 아이들의 비인지 능력에 관한 이론은 그의 연구가 발단이 되어 발전해 왔습니다. 헤크먼 교수의 저서 『유아 교육의 경제학』에서는, 5세까지의 교육은 학력뿐만 아니라 건강에도 영향을 미치는 것, 6세 시점에서의 부모의 소득으로 학력에 차이가 생기는 등, 40년 이상에 걸친 추적을 바탕으로 한 조사 결과나 부모와의 만남 부족으로 아이의 뇌가 위축되어 버린다는 충격적인 연구 결과가 게재되어 있습니다.

이러한 5~6세까지의 교육이라고 하는 것은 수험생 공부와 같은 주입식 교육을 가리키는 것이 아니라, 보호나 애정을 받는 것, 아이가 부모나 친구 등과 다양한 체험을 하는 일, 누군가와 즐겁게 교류하는 것을 포함하고 있습니다. 그러한 체험을 통해서 비인지 능력이 높아지는 것입니다.

많은 경제학 이론에서는 IQ를 높이는 것이 인간의 발달이라고 믿어 의심치 않습니다. 게다가 IQ는 그 사람에게 선천적으로 귀속되는 것이며, 환경 등에 의해 후천적으로 변화하는 것이 아니라는 뿌리 깊은 생각도 있습니다.

일하는 사람이나 기업이 어떻게 효율적으로 상품이나 서비스를 만들어 낼 수 있는가 하는 노동경제학을 연구해 왔기 때문에, 헤크먼 교수는 IQ에 편중되는 이론에 큰 의문을 가지게 됩니다. 이것은 그가 아직 젊었던 시절, 미국에서는 인종 격리 정책이 이루어지고 있는 가운데, 같은 인간임에도 불구하고 놓인 환경이 다르면 노동 생산성에 큰 차이가 생기는 것에 대해 놀라게 되는, 교수 개인의 체험이 영향을 주는 것 같습니다. 그 후 한층 더 다양한 연구를 거듭하여 일하는 사람의 생산성은 반드시 IQ에만 좌우되는 것은 아니라는 것을 깨닫는 것입니다.

그리고 미국 내에서 대규모 조사를 시행한 결과, 빈곤한 지구의 아이라도 가능한 한 빨리 환경을 정리하고 조정해 주면 비인지 능력을 늘릴수 있다는 것을 발견했습니다. 추가 추적 조사를 시행해서, 아이들의 학력이 향상되어 빛나는 장래를 창조하는 주체는, 주입식 교육이 아니라 비인지 능력이라고 하는 것을 알았습니다.

또한, 비인지 능력이 높은 소년·소녀는 자기관리 능력이 성장하기 때문에 공부에서도 높은 성과를 올릴 수 있을 뿐만 아니라, 반사회적인 행동이나 범죄로 치닫거나, 10대에서 원치 않는 임신을 하는 비율이 낮은 경향이 있습니다. 상대의 기분이나 입장, 행동의 결과를 제대로 생각하게 되기 때문입니다.

뇌신경과학의 연구에서는, 비인지 능력은 어린 시절 이후로 20세를 넘어서도 점점 성장해 나가는 것으로 알려져 있습니다. 즉 인간의 비인지 능력은, 주위로부터의 작용과 교육으로 후천적으로 늘려가는 것이 가능한 것입니다.

최근 뇌과학 연구로 인해 지성·지능에 대한 유전의 영향은 예상했던 것 이상으로 크고 50% 정도를 차지한다는 것을 알고 있습니다. 입양된 245쌍의 쌍둥이를 20년 동안 추적한 연구에서, 쌍둥이의 지성 지능은 별도의 부모에게 자라도 성장 후에 큰 차이가 없으며, 환경 영향은 그리 강하지 않다는 것이 밝혀졌습니다.

그러나 나머지 50%는 환경이나 교육에 큰 영향을 받기 때문에, 비인지 능력을 늘리는 대처도 종합적인 능력의 형성에 효과가 있다고 할 수 있습니다.

수험이나 주입형 교육, 입학한 학교명이 중요하다고 생각하고 있는 분은, 비인지 능력의 중요성을 지금 한번 배워 보는 것은 어떻겠습니까?

## ✳ 효율은 창조성의 약화를 초래한다

최근, '일하는 방법 개혁'이 소리 높여 주창되는 일본을 포함해, 세계적으로도 '효율'이나 '합리성'을 추구하는 일이 매우 많아졌다고 느낍니다.

예를 들어, 직장에서는 각각의 종업원의 실적 평가라는 것을 수치화해, 얼마나 벌어들였는지를 엄밀하게 계측하거나, 제품을 몇 개 생산했는지를 관리하거나 합니다. 또 빅데이터화가 진행되고 있기에, 열차의 지연율이나 물품의 배달 속도 등도 세세하게 계측하는 것 같습니다.

성과가 오르는 것으로 점점 낭비를 줄이고 생산성을 추구하는 것이, 기업의 하나의 '개선'의 형태로서 정착하고 있는 것입니다.

더 많은 이익을 얻기 위해 불명확한 일을 하는 사람을 해고하는, 정직원을 비정규 고용으로 대체해 인건비를 절약하는, 경비를 자꾸자꾸 깎는, 프로젝트는 성과가 나오는 그것밖에는 남지 않는다. … 그러한 일이 당연하듯이 행해지고 있습니다. 그런데 이런 '효율화'가 조직이나 개개인에게는 엄청난 마이너스 효과를 낳는 사례가 적지 않습니다.

미국에 있는 국립 복합 박물 교육 연구 기관의 연구자인 에드워드 테너 씨는 효율화가 있는 모순이나 빅데이터의 비유용성 등을 지적한 저서로 효율과 창의성의 모순에 관해 기술하고 있습니다. 특히 시스템이나 AI를 활용하여 효율화를 진행하게 된 현시대의 본연의 자세에 대해 의문을 던지고 있는 것이 인상적입니다.

데이터나 시스템에 의존한 효율화는 어디까지나 특정 알고리즘이나 과거의 패턴을 따라 행동하거나 생각하는 것입니다. 과거의 성공 체험을 따라 행동하는 것이기 때문에, 그사이에 조우하는 이질적인 사건이나 예기치 않은 발견, 우회경로에서 얻은 새로운 지식이나 체험이 생각지도 못한 아이디어에 연결되는, 그런 경험은 있을 수 없습니다. 언뜻 보기와 관계없는 경치나 사람과의 운명적인 만남도 거기에는 존재하지 않습니다.

이처럼, 효율화를 추구한 끝에 남은 낭비를 뿌리째 배제하는 방법은, 오히려 새로운 발상이나 사고방식이 태어날 기회를 막아서는 유해한 것이라고 할 수 있습니다.

과거에 성공한 패턴을 반복하거나 그에 따라 기계적으로 결정하거나 하는 것이기 때문에 새로운 것이 태어날 리가 없습니다. 이는, 서점이나 도서관에서의 사건을 기억해 보면 잘 알 것입니다. 목표로 삼고 있던 책의 바로 옆에 늘어선 다른 책이 신경이 쓰여 손이 가거나, 우연히 눈에 들어 구매하면 생각지도 않는 주옥같은 한 권이 되거나 …. 그러한 경험은 누구에게나 있지 않을까요?

그런데, 온라인 북스토어에서 특정한 책만을 핀포인트로 사려고 하면, 그러한 우연의 만남, 얽혀갈린 운명의 한 권이 될지도 모르는 책과의 만남의 기회를 보기 좋게 놓쳐 버릴 것입니다. 자기 경험을 회상해 봐도 서점이나 도서관에서 우연히 찾아낸 책이, 그 몇 년 후, 일의 힌트가 되거나 문득 되살려 인생의 지침서가 되었다는 것이 흔한 일입니다.

이것은 거리를 터덜터덜 걸어 다닐 때도 마찬가지입니다. 몰랐던 가게를 발견하거나 뭔가를 가르쳐 주는 사람을 공원에서 만나거나, 변경된 광고가 눈에 띄지 않을 수도 있습니다. 그러한 예기치 않은 만남도 새로운 아이디어와 힌트로 이어지는 것입니다.

허먼 멜빌의 소설『모비딕』이 출판되었을 무렵에 AI가 존재했다면, 아마 이 책은 세상에 나올 수 없었을 것입니다. 당시, 이 책은 그때까지의 소설의 영역을 뒤엎어 버리는 돌출적인 내용과 구성으로, 꽤 다른 차원의 소설로 평가되었습니다. 즉 당시의 출판 업계에서 이 책은 이질적으로 완전히 새로운 존재였던 것입니다.

만일 AI의 판단만으로 출판 내용을 결정했다면, 히트 작품은 존재할 것이겠지만, 비슷한 내용에만 치우쳐 버릴 수 있습니다. 실패할 여유가 없는 근래에는 출판 업계에서는 성공한 책의 복사본과 같은 비슷한 서책만이 생산되고 있습니다.

이것도 효율성을 중시해 도전이나 창조성의 결여로 이어집니다. AI는 미리 설계된 알고리즘에 따라 사물을 판단하고 처리하는 데 적합합니다. 입력된 것을 효율적이며 중립적으로 처리하는 작업입니다. 이것은 컴퓨터의 근본적인 특성입니다. 컴퓨터의 원래 명명이 '연산기'였던 것처럼 컴퓨터는 계산을 처리하기 위한 기계였기 때문에 숫자 이외의 데이터도 지시대로 처리하는 것에 특화되어 있습니다.

그런데 입력된 것 이상의 일은 할 수 없으므로 무언가를 창출한다는 것에는 적합하지 않습니다. 그리고 입력된 데이터를 따를 뿐이므로, 돌발 상황이나 창조적인 사안이 무시되어 버릴 위험성이 있습니다. 이것이 조직이나 세상의 주류가 되어 버리면 새로운 것은 탄생하지 않고, 사회로부터 점점 다양성이 상실되어 가는 것이 눈에 선합니다.

창의성을 풍부하게 하고 싶다면, 헛된 일이라고 생각되는 것도 해보고, 우회경로라도 좋을 수도 있습니다. 생산성과 효율성만을 추구하면 언젠가는 당신의 창의성이 소실될 수 있습니다.

## ✳ 행복을 결정짓는 것은, 금전이 아닌 직무상의 ○○

인생의 행복을 결정하는 것이 얼마나 높은 수입을 얻고, 호화로운 집에 살고, 값비싼 차를 타고 풍요로운 생활을 이어가는 그 자체라고 생각하지는 않습니까? 사실 그러한 물리적인 것은 인간의 행복도에는 그다지 영향을 미치지 않는 것이 명확해졌습니다.

심리학이나 경영학의 연구에서는, 1970년 전후부터 소득 수준과 행복도의 상관성이 반드시 높다고는 할 수 없는 것이 판명되었습니다. 그 대표적인 것이 미국의 경제학자 리처드 이스터린에 의해서 '이스터린의 역설(Easterlin's Paradox)'이라는 연구에서 소득이 75,000달러를 초과하면 돈과 행복도의 증가는 비례하지 않으며, 돈이 늘어도 행복도는 높아지지 않는다고 밝혀냈습니다.

또 자신이 행복한가를 결정하고 있는 것은 수입이나 직함 등 타인과의 비교가 아니라 자기 결정권이라는 연구 결과도 있습니다.

2018년, 고베대학 사회 시스템 혁신센터의 니시무라 카즈오 특임교수와 도시샤 대학 경제학 연구과의 야기 타다시 교수가, 독립 행정법인 경제 산업 연구소에서 '일본 경제의 성장과 생산성 향상을 위한 기초적 연구'의 일환으로서 약 2만 명을 대상으로 조사를 시행하여, 옥스퍼드 식의 심리적 행복감을 측정하는 질문을 이용해 '소득', '학력', '자기 결정', '건강', '인간관계'의 5개 항목이 어떻게 행복감과의 상관성이 강한가에 대해서 분석을 시행했습니다.

그 결과, 인생의 행복도를 결정하는 것은 학력이나 자산이 아니라 '자기 결정권이 있는가 여부'라는 놀라운 결론을 도출했습니다. 이 자기 결정권이라는 것은, 즉 스스로 다양한 일을 결정할 수 있다는 것입니다.

샐러리맨의 경우는 출근일이나 일하는 시간, 장소 등을 스스로 결정할 수 없고, 그 일을 해야 할지 말지를 스스로는 선택할 수 없습니다. 사람 대부분은 누군가에게 고용된 입장이며, '인생 선택의 자유'가 낮은 사람이 대부분이라고 할 수 있습니다.

이것은 일본뿐만 아니라 다른 나라에서도 마찬가지입니다. 영국의 예로 말하면, 자격 수여 기관인 '시티 앤 길즈'가 조사를 시행했는데, 가장 행복도가 높은 직업은 배관공이라는 결과가 나왔습니다. 또한, 정부의 조사에 따르면, 행복한 일의 톱 5는 사찰기업 간부, 농업, 원예 종사자, 기업 비서, 품질 관리자입니다.

또 다른 민간 기업에 의한 조사에서는 엔지니어, 교사, 간호사, 의료 전문직(의료계 기사 등), 정원사, 감사인, 재무 관리자, 데이터 과학자 등의 직업의 행복도가 높아지고 있습니다.

이러한 직업에 공통되는 점이라는 것은 수입이 아니라 자기 결정권의 크기, 즉, 어떤 작업을 하는지 등을 스스로 결정할 수 있다는 것입니다.

예를 들어, 영국의 배관공은 숙련된 장인 기술이 필요한 직업이기 때문에, 우수한 장인은 귀하게 여겨지며 항상 많은 수요가 있습니다. 수탁 시장이므로 언제 어떤 고객과 일할지 스스로 선택할 수 있습니다.

또 자영업의 사람이 대부분이기 때문에, 상사는 없고 스스로 자기 일을 컨트롤하는 것도 가능. 적당한 육체노동과 야외 작업으로 외부 공기를 맡으므로 항상 건강합니다. 계속 사무실에 머물러야 하는 사무직의 직장인과 비교하면 스트레스가 상당히 적은 일이라고 할 수 있습니다.

그 외에 교원이나 엔지니어, 데이터 사이언티스트, 의료계의 일은 영국에 있어서는 전문직이기 때문에, 자기 결정권이나 자기 재량으로 일할 수 있는 일이 많고, 손기술을 보유하고 있어, 이직도 상당히 쉬워 선택권이 있습니다.

영국의 교원은 일본에 비하면 노동 시간이 짧고, 수업 내용에 상당한 융통성을 부여하기 때문에, 자기 경험이나 창조성을 발휘할 수 있는 일이라고 할 수 있습니다. 즉 일본뿐만 아니라 영국에서도 이렇게 재량이 있는 직업군의 사람들은 일에 대한 만족도가 높고, 자신 생활의 행복도 또한 상당히 높다는 것입니다. 이는 경제학과 사회학의 행복도 연구와 일치하는 부분이 많아지는 결과입니다.

현재, 아이가 중학교 입시에 수험할까? 여부를, 이직해서 연봉이 올라가면 행복할까? 여부를 고려하고 있는 사람은 잠시 멈추고 도대체 무엇이 인간을 행복하게 하는 것인가를 다시금 생각해봐야겠지요.

인간이란, 개개인이 매우 창조적인 존재이기 때문에, 자기 능력을 최대한 발휘할 수 있어, 자기 행동이나 인생을 스스로 선택할 수 있으면 다소 급여가 낮아도 만족도가 높은 생활을 이어갈 수 있을 것입니다.

타인이 정한 답변을 암기해 대답하는 공부나 타인이 정한 규칙에 따르기만 하는 것을 좋다고 보는 사회상은, 어쩌면 불행의 축소판이라고 할 수 있는 것은 아닐까요? 일본의 샐러리맨이나 학생 중에는 평상시의 생활상으로 우울증이 되어 버리는 사람이 많습니다만, 이것은 자신의 창조성을 발휘할 수 없거나 의사 결정권이 없거나 하는 것과 깊은 관계가 있다는 것입니다.

## ✳ 사람은 빵만으로 살 수 없다

사람은 인생에서 돈만을 요구하는 것은 아닙니다. 프린스턴 대학 교수로 경제학을 연구하는 앨런 블라인더 씨의 『자유무역의 역설─ 정치학과 경제학의 충돌』이라는 논문에서는, 자유무역과 정치의 관계로부터, 사람이 보수(報酬)만을 중시하지 않는다고 기술되어 있습니다.

경제학의 이론에서는 인간이 이익을 극대화하기 위해 행동하는 생물이라는 것을 전제로 하고 있습니다. 인간의 목적은 더 높은 보상을 얻는 것이고, 그 때문에 합리적으로 행동하는 것으로 생각되어 왔습니다.

이러한 전제가 있기에 19세기 이후 사람들은 돈과 자산을 얻기 위함에 '한정되어' 일한다는 것이 경제학자 이론의 중심으로 여겨져 왔습니다.

그런데 현실사회를 살펴보면 인간은 실제로 일의 보람과 삶의 보람도 요구하고 있는 경우도 많습니다. 자유무역에 관한 논의를 보면 유권자는 반드시 자신이 더 높은 수입을 얻을 수 있다고 해서 자유무역을 지지하는 것은 아니라는 것을 알 수 있습니다.

또한, 더 높은 수입을 얻을 수 있더라도, 자신의 주장이나 신조를 우선해 해외로부터의 상품이나 서비스를 제한하는 사람들도 있고, 비합리적인 결정을 하는 유권자도 많습니다. 이것에는 경제적인 합리성보다 자국이 우위에 서고 싶다는 심리가 강하게 작용하고 있습니다. 최근의 전형적인 예라면 미국 유권자가 트럼프 대통령의 정책을 지지하고 있거나 영국 유권자가 EU로부터의 이탈을 선택했다는 것을 들 수 있습니다.

예를 들어 트럼프 대통령의 중국에 대한 무역 전쟁은 미국 측도 직업을 잃는 사람이 있으므로, 완전히 합리적인 의사결정이라고는 할 수 없지만, 적지 않은 수의 유권자가 이 결정을 지지하고 있습니다.

이것은 영국의 EU로부터의 이탈도 마찬가지입니다. 이탈이 일어나면 다양한 불편이나 불이익이 생기고, 협상도 길어지는 것이 눈에 보이고 있습니다. 합리적으로 생각하면 이탈을 선택하지 않는 것이 유리합니다.

그러나, EU로부터의 이민이 자유화되어 국내에 외국인이 늘어나고, 지역 경관이나 자신의 생활권의 환경이 바뀌는 것을, 이탈을 선택한 유권자는 허용할 수 없었던 것입니다. 동시에 여러 가지 사안이 영국이 아닌 EU에서 결정되었다는 사실에도 참을 수 없었던 것입니다. 이러한 사례는 인간이 반드시 경제적으로 합리적인 결정을 내리는 것은 아니며, 감정에 의해 행동이 좌우되는 경우가 많다는 것을 보여줍니다.

이러한 경향은 자유무역과 기술 발전을 추진하는 정치인과 사람들은 항상 효율과 금전적 이익을 요구할 것이라는 경제학자의 이론을 뒤집는 것입니다. 국가나 노동자가 얻는 수입은 증가하기에 정치가는 무역을 자유화하거나 규제를 완화하려고 호소하지만, 유권자가 요구하는 것은 돈뿐만이 아니므로 자신의 세계관이나 신조가 침해되면 그 정책을 지지하지 않습니다.

이처럼 인간이라는 것은 근본적으로 비합리적이고 매우 감정적이고 모순된 생물이므로 선거의 결과나 주식시장의 움직임 등을 완전히 예측하는 것은 상당히 어렵다고 할 수 있습니다. 이것이 기계가 투자를 완전히 자동화할 수 없는 이유 중 하나라고 할 수 있습니다.

하지만 그런 측면이 인간을 인간답게 만드는 것은 아닐까요. 그리고 인간의 감정에 호소하는 영화와 문학, 음악, 회화, 디자인, 연설은 세상을 움직이는 힘을 가지고 있습니다. 온라인에서는 프로가 만든 작품보다 아마추어 만든 동영상 등의 콘텐츠가 화제에 오르는 경우가 늘었습니다. 그러한 콘텐츠에는 인간의 감정에 직접 호소하는 것이 많기 때문일 것입니다.

제6장

# 세계의 '국민성'에 무지한 일본인

## ✳ 미국인, 실상은 … 신앙심이 매우 깊다

　　　　　　미국인은 선진적이고 혁신적이고 자유로운 사고를 하는 사람들이라고 생각하고 있는 일본인이 많이 있습니다만, 실은 일본인이 생각하는 것보다 보수적이고 전통적인 사람들이 적지 않습니다. 그것을 대표하는 것 중 하나가 미국인의 종교관입니다.

　일본에서는 평상시의 생활에서 종교를 의식하는 것은 거의 없는 무신론자가 대다수이겠지만, 미국의 시골이나 보수적인 지역에서는 종교가 생활에 제대로 뿌리내리고 있습니다. 이것은 시골뿐만 아니라 도시, 자유로운 사람들에게도 큰 영향을 미치고 있습니다.

　아카데미 시상식 등의 연설에서 미국인 영화감독과 배우가 연설의 끝에 "God bless you(하나님의 가호를.)"를 덧붙인다는 말을 들으셨겠지요. 미국에서는 기독교를 기반으로 많은 커뮤니티가 이루어져 있어 꽤 자유분방한 사람들이라도 그러한 기독교 색이 진한 문구를 사용하는 것을 흔히 볼 수 있습니다.

제가 어렸을 때 유학하고 있던 미국 남부의 보수적으로 알려진 지역의 대학에서는 교원도 학생도 매우 신앙심이 강하고 학교 식당에서는 손을 잡고 기도하는 사람들을 자주 보았습니다. 또 그 지역은 너무 종교심이 강하여 서점이나 문방구점에는 기독교 관련 잡지나 책, 혹은 교육적인 책만이 들어서 있었습니다. 라디오 방송국은 세 개밖에 없지만, 방송국도 기독교 설교, 그리고 교육적인 내용의 컨트리뮤직만을 끊임없이 흘려보내고 있었습니다.

대학의 구내에서는 음주나 댄스는 일절 금지, 임신한 여학생이 퇴학 처분을 받게 됩니다. 그런데 이것이 이상한 상황인지를 들여다보면 결단코 그렇지 않고, 미국의 시골에서는 이러한 보수적인 마을이 아직도 상당수 남아있습니다.

미국의 싱크 탱크인 퓨(PEW) 연구소의 여론조사에서는 미국의 종교관의 특이성이 두드러지는 매우 흥미로운 결과가 나왔다. "종교가 자신의 생활에서 중요하다."라고 대답한 사람은, 선진국 대부분의 나라에서는 20% 이하, 일본의 경우는 10%에도 도달하지 않았습니다만, 미국의 경우는 무려 50% 가까이 치솟습니다. 이 결과는 멕시코와 다른 신흥 국가에 가깝고, 매우 놀라운 결과입니다.

인도네시아와 튀니지에서 종교가 자기 삶에 있어서 소중하다고 대답하는 사람이 100% 가까우므로, 그러한 나라에 비하면 많다고는 말할 수 없습니다. 그러나 세계의 정점에 서 있는 미국의 종교관이 신흥국에 가까운 것은 충격적이다. 사실, 일이나 유학으로 미국에 사는 유럽인들은 미국인들의 생활에 종교가 확실히 뿌리를 두고 있는 것에 비정상적인 위화감을 기억하는 것 같습니다.

제가 유학했을 무렵에도 스페인인이나 프랑스인, 독일인이 "미국인이 말하는 그 'God bless you.'는 도대체 무엇인가?", "왜 하나같이 교회에 가는 것인가?"라며 놀라워했습니다. 유럽에서는, 비록 보수적인 나라라도 신앙심이 희미해지고 있는 사람이 많아, 유럽의 서쪽, 예를 들면 영국의 스코틀랜드에서는 도산해 버리는 교회가 속출하고 있을 정도입니다. 신자가 점점 줄어들고 있기에, 전도자들은 신자 획득을 위해 남미나 아프리카에까지 발길을 옮기고 있다고 합니다.

## ✳ 미국인, 실상은 … 아시아 사람들보다 가난하고 저학력

미국 가운데 가장 풍요를 누리고 권력을 쥐고 있는 것은 백인이라고 생각하는 사람이 많을 것입니다. 그러나 최근 미국에서는 상황이 크게 바뀌고 있으며, 최근 약 20년간 미국에서 가장 풍요롭고 학력이 가장 높은 인종 계열은 사실 아시아인입니다.

아시아인의 2016년 기준 수입의 중간치는 5만1288달러(6천2백만 원 정도)로, 백인의 4만7958달러(5천8백만 원)를 넘어섭니다. 흑인은 3만 1082달러(3천8백만 원), 라틴계는 3만400달러(3천7백만 원)입니다. 아시아계 미국인은 미국에서 가장 풍부하고 고학력인 인종 계열이지만, 그 그룹 내에서의 격차가 가장 크고, 상위 10%와 하위 10%의 수입 격차는 10배 이상이 된다고 합니다.

가족을 불러들이는 것을 장려하는 이민법 개정과 베트남 전쟁 난민의 수용으로 미국에서는 1970년대에 저임금 아시아인의 이민이 급증했습니다.

미국 국외에서 태어난 아시아계 인종은 1970년에는 45%였지만, 2016년에는 78%까지 증가하고 있습니다. 같은 해의 미국 국외 출생의 라틴계는 45%, 아프리카계는 12%로, 뉴커머인 아시아인의 수가 눈에 띄었습니다. 그리고 1990년의 이민법 개정으로, IT 기술자를 중심으로 하는 고학력층이 미국에 급격히 증가합니다만, 그 대부분이 아시아인이었습니다.

하지만 1990년 이후에 이민온 사람들은 아시아계의 수입과 학력을 훨씬 위로 끌어 올렸습니다. 아시아계 미국인들 사이에서는 인종별 학력 격차·수입 격차도 크고, 학력도 수입도 가장 높은 인도계의 72%가 대졸로, 연 수입 중간치는 1억2천만 원으로 놀랍도록 풍요롭습니다.

한편, 부탄계의 대졸은 9%로 연 수입 중간치는 3천8백만 원 정도, 미얀마계는 35%가, 부탄계는 33%가 빈곤층입니다.

이처럼 같은 인종 속에서 이렇게도 격차가 큰 것은 아시아계만으로,

그 차이가 백인이나 라틴계 흑인 등과 비교하면 매우 돌출돼 보입니다.


## ✱ 유럽인, 실상은 … 읽기, 쓰기, 계산도 안 되는 무개념이 많다

　　　　　　일본에서는 읽고 쓰기, 계산을 비롯한 것들을 학교에서 선생님이 학습 내용을 제대로 가르치는 것 자체가 일반적입니다. 그것이 마치 우리 주변의 공기처럼 당연한 일이므로, 실은 매우 축복받는 것이라 이해하고 있는 사람은 많지 않습니다.

　일본의 경우는 초등교육에서 한자 쓰기와 산수의 계산을 제대로 하도록 독려하기에, 글자를 읽을 수 없다거나, 구구단을 외울 수 없는 사람은 꽤 드뭅니다. 간단한 계산도 암산으로 하는 사람이 대부분입니다. 그런데 다른 나라의 경우 선진국이라도 격차가 엄청나고, 이러한 기초적인 학력도 익히지 못한 사람이 많이 있습니다.

　경제개발협력기구(OECD)가 16~24세의 사람을 대상으로 '초보적인 독해력과 계산력이 익숙하지 않은 사람의 비율'을 조사한 결과, OECD 회원 36개국의 대부분에서 꽤 많이 존재하는 것으로 나타났습니다.

　가장 많은 이탈리아, 미국, 영국은 30%에 달하고, 더욱 놀라운 것은 55~65세 계층의 조사로, 스페인에서는 55% 이상, 이탈리아에서는 50% 이상, 프랑스에서도 50% 가까운 수치가 나오고 말았습니다.

　그런데 일본의 경우는 OECD 국가 최저로, 16~24세 층에서는 10%

미만, 55~65세 층에서는 20% 미만이라는 경이적인 수치입니다. 최근뿐만 아니라 지금의 60대 사람들이 젊은이였던 40년 이상 전부터 기초교육이 제대로 제공되고 있었던 것을 알 수 있습니다.

사람 대다수가 읽고 쓰기, 그리고 계산이 당연하듯이 되고 있습니다. 이런 현상이 나라에 의한 시책, 선생님의 열정도, 그리고 가정에서의 교육 노력의 결실이라 의식하고 있는 사람이 너무나도 적습니다. 아무것도 하지 않는 것처럼 보이더라도 거기에는 엄청난 노력이 존재하고 있습니다.

진학률도 일본은 세계 탑클래스입니다. EU에서는 고등학교 졸업률의 평균은 74.2%로 그다지 높지 않습니다. 프랑스 정부의 국가 통계 기관인 INSEE에 따르면 프랑스의 25~64세 계층에서 고등학교를 졸업한 사람은 72.5%로 EU 내에서는 밑에서 찾는 편이 빠를 정도입니다. 포르투갈로 넘어가면 오히려 37.6%밖에 없습니다. 다른 한편으로 졸업률이 높은 것이 동유럽으로, 리투아니아는 93.3%, 체코 공화국은 92.5%입니다.

일본의 경우, 미취학기부터 대학 졸업 후의 진로까지를 조사한 문부과학성의 '학교 기본 조사'에 의하면 중퇴자 수는 불과 1.4%입니다. 중퇴한 사람을 공제하면 고교 수료자의 비율은 무려 97.4%에 달합니다.

실은 일본의 높은 고교 진학률은 최근뿐만이 아닙니다. 2차 세계대전 후 급속도로 증가해, 1954년에는 50%, 1970년에는 80%를 넘어, 1974년에는 90% 이상에 이르렀습니다. EU 통계와 비교하면 선진국

중에서도 경이적인 숫자라는 것을 알 수 있습니다.

　게다가 일본은 대학 진학이 가장 쉬운 나라로, 54.7%라는 진학률은 세계 최고의 비율이라고 할 수 있습니다. 학비가 북미나 영국보다 훨씬 싼 것이 그 이유의 하나입니다. (※ 참고로 대한민국은 2005년에 82.1%로 정점을 찍고 2012년부터 70% 전후임)

　미국의 경우 주(state) 밖의 출신 학생이 주립대학으로 진학하려고 하면, 학비나 생활비를 포함해 일 년에 7천만 원 정도 필요로 하는 대학도 있습니다. 사립대학이면 연 8천만~1억, 4년간 2억8천~4억이라는 막대한 돈이 들어갑니다. 이것은 의학부 등이 아니고, 극히 일반적인 인문계나 이과 학부 이야기로, 탑클래스의 대학도 아닙니다.

　미국의 많은 젊은이는 대학을 졸업할 때, 천만 원 이상의 학자금 대출, 즉 빚을 안은 상태가 됩니다. 또한, 최근 미국에서는 학자금 대출을 받는 60세 이상이 급증하고 있습니다. 자택을 저당 잡히고 자녀와 손자를 위해 빌려주는 것입니다. 이 막대한 학자금 대출은 미국에 있어서 실로 머리가 아픈 사안으로, 대통령 선거에서도 정책 과제의 하나가 되고 있습니다.

　유럽의 경우는 독일이나 노르웨이 등 공립대학이라면 유학생이라도 학비가 무료인 나라가 몇 개국이 있어 미국보다 희망이 있습니다. 그렇다고 해도 EU권 이외의 유학생에 대해서는 유료인 나라도 있어, 연간 학비는 네덜란드에서는 천오백만 원, 덴마크는 높은 대학에서 2천만 원 정도, 또한 영국 등에서는 3천만 원을 넘는 대학도 있습니다.

또 합격 여부에 대해서입니다만, 일본에서는, 부모의 자산이나 인맥 등과는 관계없이 대부분은 평등하게 합격 여부를 결정합니다. 최근에는 추천 입시나 재능 입시와 같은 제도도 있습니다만, 대다수의 심사는 실력 중시(merit base)인, 페이퍼 테스트가 기본입니다. 그런데 미국의 유명 사립대학의 경우 부모가 졸업생이거나 고액의 기부를 하면 입학이 우선시될 수 있습니다.

미국에서는 유명 학교가 될수록 평가에 과외 활동이 포함되지 않는 일본과 달리 클럽이나 자원봉사 등의 과외 활동이 평가됩니다. 아무리 통일 시험의 성적이나 학교의 성적이 좋더라도 다른 입학 후보자와 과외 활동으로 불합격인 경우가 자주 있는 것입니다.

이러한 배경에서 자녀를 대학에 합격시키기 위해 해외 자원봉사에 참여하는 부모도 적지 않습니다. 자원봉사나 과외 활동을 코디네이터하는 업자도 존재할 정도입니다. 이러한 활동에 참여하려면 수천만 원이 소요됩니다. 즉, 미국에서의 대학 진학은 모든 면에서 경제력이 있다는 것을 대변합니다. 게다가 입학에는 학생의 인종이나 종교도 선정기준으로 하는 대학도 있기에, 미국의 대학 입시는 정말로 불공평한 구조라고 할 수 있습니다.

서류상에서 평등한 입시를 실시하고 있는 영국에서도, 유명 사립대학에 합격하려면, 재적 고등학교의 교장과의 인맥이나, 입시의 예상 문제에 관한 정보를 입수하는 네트워크가 중요하게 됩니다.

일본처럼 대중화한 체인의 예비교(입시학원)는 없으므로, 그러한 정보는 사립 고등학교에 재적해 인맥을 활용해서 모이거나 가정 교사를 고용해 얻을 수밖에 없습니다.

대학은 합격자를 늘리고 싶지 않기 때문에 외부에는 공개하지 않습니다. 그리고 영국에서는 초 유명 대학의 입시에 면접이 있어, 가문이나 인종을 평가하는 일도 있습니다. 이것은 비공식적인 평가이므로 서류상에는 나타나지 않지만, 각 대학 합격자 출신 가정의 경제력이나 인종의 편향성을 보면 분명해집니다. 이처럼 해외 선진국에서는 기초교육에도 학력에도 엄청난 격차가 있습니다.

대학의 입시에 관해서도 결단코 평등하다고는 할 수 없으므로, 교육의 기회가 주어진 것에 대한 중요성을 인식하는 계기가 많아집니다.

일본인은 기초교육이 주어지는 것도, 대학 입시가 페이퍼 테스트 기반으로 상당히 공정한 기준임을 인식하지 못하고, 그렇기에 고마움을 느끼는 일 없이 기초교육을 소홀히 하여 여유로운 교육의 도입을 진행하고 있습니다. 또 해외의 이러한 사정을 이해하지 못하는 사람은 대학 입시에서도 면접이나 과외 활동을 중시하는 방식을 추진해야 한다고 주장합니다. 그 단점도 제대로 이해한 후의 발언이라고는 생각되지 않습니다.

일본에 존재하는 초등 중등 교육의 구조나 대학 입시의 평등함을, 다시 한번 되돌아보았으면 합니다. 이 제도가 무너지면 일본은 국력을 잃게 될 것입니다.

## ✳ 영국인, 실상은 … Pub에 가지 않는다

　　　　　최근 20여 년, 영국에서는 식생활에 큰 변화가 일어나고 있습니다. 예전에는 식사하는 점포가 별로 없었고, 술을 마시는 데도 와인바나 쇼트바 같은 곳이 적었기 때문에, 대부분 사람은 마을에 있는 Pub에 들어가 있었습니다. 그런 영국에도 20년 정도 전부터 와인바 등 유럽 대륙 풍의 점포와 미국식 바 등이 늘어나고 있습니다.

　옛날처럼 미지근한 맥주와 소시지, 피쉬 앤 칩스 등을 내어놓는 낡은 술집은 대부분 소멸해 버려, 현재 주류가 되어 가는 것이 미식가 Pub이라는 형태의 점포입니다. 식사가 중심이 되어, 전통적인 영국의 Pub 요리인 피쉬 파이, 소시지&매쉬드포테이토, 스테이크와 키드니 파이, 매쉬드포테이토와 양배추를 프라이팬으로 구운 버블&스퀴크, 매쉬드포테이토를 파이와 같이 간 고기 위에 올려놓고 오븐에서 구운 세퍼스 파이와 같은 메뉴 외에도 피자, 파스타, 멕시칸, 타이 카레, 인도 카레, 햄버거, 타파스, 카리브해 요리 등 다국적 요리를 제공하는 Pub입니다.

　이런 미식가 Pub으로 변모한 점포에는 아직 손님이 오고 있습니다만, 옛날 술집은 최근 점점 없어지고 있습니다. 경제 전망이 불안정하기에 Pub에서 맥주 한 잔의 요금 지출을 어려워하는 사람이 상당수 증가하고 있기 때문입니다.

　2018년에는 맥주 한 잔(약 500ml)의 평균 가격은 3.6파운드(약 5천원)였지만, 다음 해에는 3.6% 정도 가격 상승하여 2.4%의 인플레이션을 웃돌고 있습니다.

가격 인상의 이유는 도로에 면한 점포(노면점)를 운영하는 사업자에게 부과되는 '비즈니스세'라는 법인세와 부가가치세(VAT)가 상승한 것입니다. 이들은 맥주 한 잔당 약 3분의 1이 세금이 되어 버릴 정도의 세율이므로, 당연히 맥주 가격도 상승하고, 퇴근길에 Pub에서 한잔 걸치고 돌아가는 사람도 많이 줄어 버렸습니다.

비즈니스세는 비즈니스 이익에 걸리는 법인세와는 별도로, 비즈니스로 이용하는 부동산의 평가액(rateable value: RV)에 대해 걸리는 세금입니다. 평가액은 정부가 부동산의 시장가격으로부터 산출하고, 5년마다 재검토됩니다. 일본의 고정자산세에 해당하는 것으로, 일반 주택에는 이 세금은 없습니다.

예를 들어, 런던의 중심지인 피카딜리 서커스역 근처의 레스토랑의 평가액이 21만2000파운드(약 2억9천만 원)인 경우, 2019~2020년에 지출하는 비즈니스 세금은 10만6840파운드(약 1억5천만 원)입니다. 이것을 이윤에서 내야 하기에, 음식물이나 판매 제품 가격이 오르게 됩니다.

이 비즈니스 세금을 낼 수 없는, 특히 런던 중심부와 같은 부동산 가격이 높은 지역에 있는 매장은 교외로 이사하거나 폐점해야 합니다. 남아있는 다수의 점포는 주요 가맹점입니다. 또한, 부동산 가격이 상승하고 그에 따라 자산 가치와 비즈니스 세금도 오르게 되고, 점포를 접는 사례도 나오고 있습니다.

예를 들어, 런던 교외에 있던 The Three Crowns라는 Pub은 3천4백만 원이었던 평가액이 1억 원 가까이 되어 폐점할 수밖에 없게 되어버렸습니다. 부동산 가격의 상승으로 비즈니스세의 세율 재검토에서 대폭 인상이 되었습니다. 런던 중심부뿐만 아니라 교외나 시골의 Pub도 비즈니스세로 인해 차례차례 폐점으로 몰리고 있습니다.

더 문제는 주세율의 인상입니다. 주류에 직접적으로 가격을 인상할 수 없어, 차액이 이익을 삼켜버려 경영을 압박하고 있습니다. 영국의 맥주 세율은 알코올의 도수에 의해, 5%의 맥주라면 54펜스(약 750원)입니다. 독일의 5%의 맥주는 이에 약 10분의 1이므로 영국의 세율이 얼마나 높은지 알 수 있습니다.

이러한 배경 때문에 영국의 Pub은 2001~2018년 사이에 5만2천에서 3만8천 곳으로 감소하고, 특히 직원 9명 이하 Pub의 폐쇄가 눈에 띄고 있습니다. Pub의 수가 가장 감소한 지자체는 동런던으로, 같은 시기에 절반까지 줄어든 지역도 있어 동런던의 노동자 계급문화의 상징이었던 Pub이 점점 사라짐을 알 수 있습니다. 게다가 2008년부터 2013년 사이에 맥주 매출은 24%나 하락하였습니다.

한편, 대규모 Pub의 수는 증가하고 있으며, 개인 경영과 소규모 사업자는 불가피하게 어려운 상황에 서 있습니다. Pub 대신 늘어나고 있는 것이 미국식 수제 햄버거 가게와 베트남 요리점, 페루 요리점입니다. 과거에는 외국 요리라고 하면 중화요리나 인도요리 정도였던 것이 최근에는 다종다양한 식사를 즐길 수 있게 되었습니다.

게다가 2000년 이후 EU 회원국 간 거주와 노동의 자유화로 인해 EU 국적의 사람은 비자 없이 영국에 살고 일할 수 있었기 때문에 유럽 대륙의 레스토랑보다 늘어났습니다. 일정한 수입을 얻지 못하면 노동 비자를 취득할 수 없는 영국에서는 임금이 싼 음식 업계에서 일하는 사람이 취득하는 것은 거의 불가능합니다. 하지만 EU 국적이라면 비자가 필요하지 않기 때문에 많은 요리사가 영국에 일하러 오게 되고, 최근에는 상당한 시골 마을에서도 그리스 요리와 이탈리아 요리, 스페인 요리 등 유럽 대륙의 본격적인 식사를 즐길 수 있습니다.

술집에서 먹는 영국 전통 요리뿐만 아니라 다양한 나라의 요리를 즐기는 사람들이 늘어난 것도, 영국인의 발길이 Pub에서 멀어져 가는 원인이 되고 있습니다.

## ✳ 영국인, 실상은 … 부채(빚)를 좋아한다

영국인은 청빈하고 진실하고 강건한 신사·숙녀가 많다는 인상이 있을지도 모릅니다만, 최근 20년 정도의 영국인은 그 이미지와는 완전히 반대로, 끝없이 빚을 내서 대량으로 소비하는 것이 정통한 생활방식으로 되어 가고 있습니다.

1980년대 중반까지의 영국에서는 돈을 빌리는 것도 모기지(mortgage loan, 주택담보대출)를 꿰맞추기 어렵고, 공영 주택에서 일생을 끝내는 사람이 대부분이었습니다. 그런데 대처 총리의 개혁으로 금융 규제를 대폭 완화했기에 주택담보대출에서 집을 구매하거나 신용카드로 빚을 내는 것이 일반적으로 되어 갔습니다. 특히 2000년 이후의 경기 호황과 지식경제로의 전환으로 젊은 사람들을 중심으로 점점 돈을 빌려 대량으로 소비하는 문화가 주류로 되어 갔습니다.

영화나 TV에서 미국의 대량 소비사회나 물질주의에 영향을 받는 사람이 늘어난 것도 영국인의 소비문화를 바꾼 원인입니다. 연예인을 흉내를 낸 생활을 하는 사람이 증가해, 고급 브랜드로 몸을 치장하고 고급 차를 타고, 해외의 비치 리조트에 놀러 가고, 집에서는 아이나 자신을 위해서 화려한 생일잔치를 개최합니다. 당연히 그런 생활을 계속하고 있으면 돈이 아무리 있어도 부족하므로, 비용을 염출하기 위해 부채를 감수합니다.

골동품이나 빈티지 복장을 정성껏 손질하고 반복해서 사용하는 생활방식은 이제 옛날이야기, 현대 영국인은 뭐든지 쓰고 버리는 일회용 대량 소비, 빚투성이입니다.

국가 감사국(the National Audit Office: NAO)에 따르면, 2018년에 빚을 떼어먹은 사람이 무려 830만 명에 이릅니다. 영국의 인구는 일본의 약 절반이므로 일본 규모로 생각하면 1,660만 명 이상이 빚을 상환할 수 없는 계산이 됩니다.

영국인 부채의 대부분은 주택담보대출과 신용카드 대출입니다. 빚은 해마다 계속 증가하고 있으며, 2018년 6월에는 은행과 신용카드 회사가 발행한 카드빚만으로 171억 파운드(약 20조 3천억 원)에 달했습니다. 은행이 발행하는 신용카드 사용 금액만으로 보면, 2018년 7월은 전년에 비해 8.1%의 증가입니다.

신용카드 대출을 갚지 않는 사람이 너무 많기에, 이자는 일본보다 훨씬 높습니다. 또한, 은행 현금 카드에 등록기능이 자동으로 발생하는 경우가 많으며 일본과 같은 심사를 받지 않고, 무직인 사람도 카드를 얻을 수 있습니다.

2018년 6월 영국의 일반 가정에서의 평균 빚에 놀라게 됩니다. 주택담보대출을 포함하여 1세대당 5만 8,540파운드(약 8천 2백만원)입니다. 또한, 영국에서 통계를 내기 시작한 후로는 처음으로 가정의 지출이 수입을 상회했습니다. 즉 다수의 가정은 빚투성이로 커다란 적자를 안고 있습니다.

빚을 지고 있는 사람이 늘어난 이유는 소비 활동의 변화, 경기침체, 이자가 적은 데에 더하여 공정 보합이 0.5%로 낮은 것도 하나의 원인입니다. 2018년 8월에는 0.75%로 상승했지만, 빚을 안고 있는 영국인의 삶은 되돌려지지 않을 것입니다.

빚을 지는 것은 젊은이가 많아, 상환할 수 없고 비영리 단체 등에 상담해 오는 사람의 64%가 40세 이하입니다. 또한, 상담에 오는 사람의 60% 이상이 신용카드 부채입니다. 즉, 젊은이들의 생활방식과 생활비를 위해 신용카드로 빚을 지고 점점 부풀어 올라 돌려줄 수 없게 되어 버리는 사례가 가장 많다고 할 수 있습니다.

영국에서는 월급날이 오기 전에 돈이 부족한 사람이 많습니다. 거기서 할 수 있었던 것이 '페이데이론(payday loan)'이라는 차입 방법입니다. 이것은 며칠에서 몇 개월 사이의 짧은 기간 동안 수십만에서 수백만 원을 빌려 쓰는 소액의 빚으로, 대신 이자가 이상하리만큼 높은 서비스입니다.

월급날(payday) 이전 생활비에 더하기 위해 빌리기 때문에 이 이름이 붙여져 있고, 최근 10년 정도 커다란 인기를 구가하고 있습니다. 이용자의 다수가 이른바 'Sub Prime(비우량)인 사람들'이군요.

2008년 미국에서 Sub Prime Loan(저소득층 대상 주택담보대출) 붕괴로 인해 발생한 리먼 쇼크를 기억하는 분들도 많을 것입니다. 그들은 상환 능력이 없는 저소득층에 담보대출을 하고 대출이 말라붙어 버렸기 때문입니다.

미국의 NGO 단체인 퓨 자선신탁(Pew Charitable Trusts)의 조사에 따르면, 페이데이론 이용자는 ① 24~44세 여성, ② 싱글마더, ③ 고졸 이하의 학력, ④ 연 수입 4만 달러(4천2백만 원 정도) 이하, ⑤ 아프리카계에 속하는 사람들입니다. 영국도 거의 같고, 무직인 사람이나 젊은 여성이 대상이기에, TV에서는 주간 드라마와 수다 쇼 사이에 많은 양의 광고가 방영되고 있습니다.

영국에서 페이데이론 회사의 대다수는 간단한 신용 조회만 하거나 신용 조사 자체가 없는 회사도 있습니다. 그래서 크레디트 스코어(신용 이력)가 나쁜 사람, 다중 채무자도 빌릴 수 있습니다.

이러한 페이데이론의 전형적인 이자는 연리 1,000~6,000%로, 믿기지 않는 금리입니다. 예를 들어 연리 5,000%로 100파운드 (약 140만 원)을 12개월 동안 빌렸다면 이자만으로 5만 파운드(약 7,000만 원)와 방대한 금액으로 부풀어 버립니다.

최고 연리가 5,853%로 가장 악명 높았던 Wonga라는 회사는 정부로부터 이율 1,500%로 규제되었습니다. 이 회사는 최고일 때에 Wired 등 기술계 미디어에 자주 등장해, 특수 알고리즘을 사용하여 컴퓨터에서 돈을 빌리고 싶은 사람들의 이력을 즉시 산정하는 혁신적인 비즈니스를 행하는 기업이었습니다.

그러나 그것은 완전히 거짓말이고, 다른 대부 회사와 같이 대충 심사하고 고리로 돈을 점점 빌려주었습니다. 큰돈을 벌고 그 당시는 마치 큰 성공을 거둔 시대의 탕아처럼 취급됩니다. 신났는지, 런던에서는 섣달그믐날(12월 31일) 지하철 요금 모두를 부담해, 무료 승차를 가능케 하는 굵직하고 배포 있는 화려한 퍼포먼스도 있었습니다. 그렇지만 3년 후인, 2018년에 엉성하기 짝이 없는 경영으로 도산하고 맙니다.

미국과 영국은 대금업을 규제 완화하고 있어서 페이데이론이 성립되지만, 이러한 수요가 있는 것은, 적은 수입밖에 없는 사람들입니다. 불안정한 일용직 노동자, 은행 계좌 또는 신용카드조차 가질 수 없어 신용 점수가 나쁜 사람이 많다는 사실의 증명입니다.

왜 은행의 일반 계좌조차 갖고 있지 않게 된 이유는 은행 거래에 필요한 금액이 부족하면 자동으로 빌릴 수 있는 '오버 드래프트' 서비스가 포함되어 있어, 신용 점수의 좋고 나쁨에 관련된 것입니다. 점수를 만회하기 위해서는 돈을 빌려 마감일까지 반환했다는 이력이 필요하고 수입이 낮거나 고용이 불안정하면 돈을 빌린다든지 주택담보대출을 할 수 없습니다. 점수를 만회할 기회조차 얻을 수 없으므로 페이데이론에 의존하지 않을 수 없는 상황에 빠져버립니다.

일본의 경우 소비자 금융 차입과 관련된 법정 금리는 대금업 법과 이자제한법으로 엄격히 정해져 있습니다. 차입액이 10만엔 미만일 경우는 20%, 10만엔 에서 100만엔 미만은 18%, 100만엔 이상은 15% 이상의 이율 설정을 할 수 없다고 규제되어 있기에 페이데이론이 성립되지 않습니다. 이는 일본에도 예전에는 사채업자에게 고통받는 사람이 많이 있었기 때문입니다.


## ✳ 네덜란드인, 실상은 … 지나친 구두쇠로 유럽에서 싫어한다

네덜란드는 자유주의 정책과 일본에도 잘 알려진 '쇼윈도'로 대표되는 매춘 비즈니스와 소프트 드래그의 합법화, 심지어 안락사나 자유로운 교육 등 선진적이라는 인상이 강한 나라입니다. 그런데 일본에서는 잘 모르는 네덜란드의 측면이 있습니다.

그것은 '유럽 제1의 구두쇠 대마왕'이며, 너무 갑갑하고 한 치의 오차도 없는 수평계와 같아 융통성이 없다는 것입니다. 제 친구와 전 동료도 몇 명이 네덜란드에서 일했지만 모두 네덜란드의 다양한 면에 질색하고, 런던, 로마, 밀라노, 뉴욕으로 이사했습니다. 그들 중의 다수는 IT 계열 직무로 전 세계 곳곳에서 일한 경험이 있습니다. 그런 그들이 끝없이 들려주는 이야기 속에는 네덜란드인의 구두쇠 노릇에 얽혀있는 내용이 적지 않습니다.

일본인인 나의 친구가 놀란 것이, 직장의 사람이나 아는 사람과 식사에 동행하면 수백 원 단위까지 세세하게 계산하여 분할 하곤 했습니다! 이 사람은 해외 거주 경력이 길고 아프리카에서 북미, 유럽 및 다양한 지역에서 일해왔지만 "이런 망할 구두쇠들."이라고 투덜거렸습니다.

비가 내려도 자전거, 바람이 불어도 자전거, 피곤해서 택시를 타자고 하면 화를 내며 "받아들여지지 않아서, 폭우 속에서 철퍽철퍽 걸었어!"라고 격노하고 있었습니다. 이런 일이 한두 번이 아닙니다.

볼리비아, 미국, 이탈리아, 프랑스 동료들이 순간 멍해진 것은, 네덜란드인으로 한 치의 오차도 없는 삶의 기준 때문입니다. 예를 들어, 그들이 살았던 아파트에서 밤 10시 이후에는 조용해야 하는 규정이 있었습니다. 일본인의 감각으로 보면 귀가 후 저녁을 먹어도 이상하지 않은 시간입니다. 하지만 일 분이라도 지나고 조금이라도 소음이 발생하면, 이웃 사람들이 점점 문을 두드리고 항의하러 옵니다.

이는 한 곳의 아파트뿐만 아니라 그들이 살았던 몇 곳에서 같은 상태가 반복됐기 때문에 "세계의 여러 도시에서 살아왔지만, 이런 곳은 본적이 없다!"라고 분개하고 있었습니다. 특히 소음에 관용적인 이탈리아와 프랑스 사람들이 "어찌 이리 신경질적인 나라!"라며 놀라움을 금치 못했습니다.

유럽이지만 이탈리아와 프랑스는 동남아시아 기질과 같은 면이 있어, 시가지에는 활기가 있고 소음에 관해서도 어느 정도 관대하고, 라틴계의 느긋한 기질이나 노래를 매우 좋아하는 국민성과 관계가 있을 것입니다.

기차나 버스로 프랑스와 이탈리아 단체와 함께하면, 활기 그 자체입니다. 레스토랑에서도 수다와 왁자지껄한 분위기입니다. 네덜란드의 수평계 감각은 직장에서도 같으며, 종이에 쓰인 규칙은 엄수! 조금이라도 규칙을 깨거나 잘못하면 즉각 아웃입니다.

그중에서 충격적이었던 것은 볼리비아 동료가 이전에 일했던 조직에서 일어난 사건, 복사 금지 사무실에서 실수로 문서를 복사해 버린 비서가 그날에 바로 해고되었기 때문입니다. 고의였는지 단순한 실수였는지 심사조차 없이, 출입증은 즉시 차단되고 개인 물품은 골판지 상자에 포장되어 집으로 보내는 용서 없는 대응에 경악했다고 합니다. 이런 빡빡한 자세는 직장의 다른 장면에서도 우연히 만난 것 같습니다. 동료는 "왠지 피곤하네요…."라며 그 당시를 되돌아보았습니다.

다음은 카자흐스탄 출신으로 러시아 친구의 이야기입니다. 아이를 네덜란드에서 출산하고 어느 날, 아이의 상태가 나빠 집까지 방문 진료를 받고 치료를 마친 네덜란드의 의료진은 안색을 붉힙니다. 아이가 자고 있던 방의 설정 온도에 분노했습니다. 네덜란드에서는 아이가 자는 방 온도가 정해져 있고, 그때의 방 온도가 규정보다 훨씬 높았습니다.

친구의 부인은 1991년까지 구소련을 구성하였던 공화국의 하나인 투르크메니스탄 출신으로 소련 라디에이터를 사용한 센트럴 히팅의 따뜻한 방에 익숙합니다. 그 감각으로 방 온도를 유지했지만, 네덜란드에서는 너무 높아 아동 학대에 해당한다고 합니다. 네덜란드인은 구소련을 넘어서고 있다고 머리를 감싸 쥐고 있었습니다.

또 프랑스인 동료를 화나게 한 것은 네덜란드인의 사람 사귀는 방법입니다. 이웃 사람이 밤 6시에 "꼭 할 얘기가 있어요."라고 집에 초대해서 방문했습니다. 그런데 물만 가져다줍니다! 물만 마시고 2시간 동안 얘기하고 돌아왔다고 합니다.

프랑스와 이탈리아의 경우 이 시간은 식전주 시간입니다. 손님이 오면 환대가 당연하고, 저녁이라도 같이하자고, 이어지는 것이 상식입니다. 그런데 네덜란드에서는 몇몇 가정에서 거의 비슷한 대응을 받았기에 프랑스 동료들은 집에 돌아올 때마다 분개했다고 합니다.

이탈리아인의 동료들도, 카페에 가도 그 누구도 사려고 하지 않고, 집으로 저녁 식사에 초대하지 않고, 네덜란드인은 구두쇠라고 중얼중얼 불평을 늘어놓았습니다. 이탈리아라면 돈이 없어도 자기 돈을 들여, 손님이나 친구들에게는 크게 접대하기 때문에 그들에게는 매우 충격적이었던 것 같습니다.

# ✳ 이탈리아인, 실상은 … 목욕을 싫어함. 냄새나는 사람 많음

스타일리시하고 패션을 사랑하는 이탈리아인 …. 그런 일본인이 아는 이미지에 환멸을 느낄 만한 일이 있습니다. 그것은, 이탈리아인 중에는 목욕을 매우 싫어하는 사람이 많다는 것입니다.

최근에는 매일 샤워를 하는 사람이나 스파에서 보내는 사람도 늘어나고 있습니다만, 그는 이탈리아 전체의 습관은 아닙니다. 겨울철에 2~3일에 한 번 정도, 여름철은 일본의 여름처럼 습도가 높지 않아, 매일 씻는 사람은 그리 많지 않은 것 같습니다.

이탈리아의 일반적인 욕실은 욕조와 화장실이 함께 있는 유형으로, 변기 옆에 또 다른 변기와 같은 것이 설치되어 있습니다. 이것은 배설한 후 국부를 물로 씻어내는 '비데'라고 불리는 것입니다. 일본처럼 버튼 하나로 물이 나오는 자동식이 아닌 수동식 비데라고 할까요.

사용법은 이렇습니다. 비데에 딸린 마개를 먼저 닫는다. 온수와 차가운 물이 나오는 수도꼭지를 열어 적당한 온도의 미지근한 물을 비데에 모은다. 물이 차면 그 위에 걸터앉아 손으로 씻는 것입니다. 비데 전용 비누가 팔리고 있어서, 사람에 따라서는 그것을 사용해 씻는다. 씻은 후에는 비데 근처에 있는 전용 천이나 작은 수건으로 닦아 마무리한다.

이탈리아에는 일본과 같은 세정기능이 있는 변기가 설치되어 있지 않고, 오래된 비데가 있어서 세정기가 달린 변기가 그리운 일본인에게는 고마울 따름입니다. 저도 꽤 좋아하고 이탈리아에 있을 때는 자주 사용하였습니다. 뜨거운 물도 나오고 사용 후는 곧바로 흘릴 수 있으므로 위생상으로도 안심입니다. 일본의 저탕식 비데 같이, 탱크에 온수를 장시간 모아 두는 상태라면 세균이 펑펑 솟는 등 위생상 문제가 있습니다. 또 변좌의 노즐 등의 부품이 아무래도 더러워집니다. 그 점, 비데는 수도꼭지가 붙은 변기와 같은 단순 구조이므로 청소도 편합니다.

또 전기식 비데처럼 물이 기세 좋게 튀어 오르지 않기 때문에, 엉덩이가 편안하다고 일본의 노년 여행자에게도 꽤 호평입니다. 물의 기세가 너무 강하면 치질이 있는 사람은 힘들고, 엉덩이의 점막이 손상되거나 과도하게 씻어 자정작용이 떨어지고, 무언가 모를 단점이 있습니다.

일본인뿐만 아니라 미국인이나 영국인은 이 비데의 존재를 모르기 때문에, 잘못된 사용법으로 쓰는 사람이 적지 않습니다. 물을 모아 거기에 수박과 멜론을 넣고 식히는 데 사용하거나 씻어내는 사람도 있는 것 같습니다. 컵라면 국물을 흘려 버리는 사람까지 있습니다.

그리고 무엇보다 큰 소란이 되는 것이, 비데에 있는 천으로 얼굴을 닦아 버리기도 하는데, 이것은 엉덩이를 닦아내기 위한 천이기 때문입니다. 호텔에 따라서는 수건이 걸려 있습니다만, 전용 천도 있습니다. 다소 얇은 천이므로 모름지기 타월과 차이가 있어 위화감을 기억하면서도, 비데의 존재를 모르면 손을 닦거나 얼굴을 닦아 버리는 것입니다.

저도 비데의 존재를 몰랐을 무렵, 이 천으로 얼굴을 깨끗이 닦고 있었습니다. 동료에게 그 변기와 같은 것은 무엇이냐고 물어보고, 마침내

비데라는 것을 알았지만, 사용법을 물어봐도 '그런 것은 타인에게 가르치는 것이 아니다.'라고 하여 아무도 가르쳐주지 않고, 일 년 정도는 사용법도 모르고 시행착오가 있었던 것입니다.

이탈리아인이 목욕을 자주 하지 않는 이유에, 이 비데가 크게 기여하고 있습니다. 즉 매일 샤워하지 않아도 비데로 그곳을 항상 청결하게 유지할 수 있기에 안심입니다.

또 화력 발전을 채용하고 있는 이탈리아에서는 전기료가 매우 비싸고, 수도와 가스비는 일본과 같은 정도나 그 이하입니다. 급탕 시스템은 가스식과 전기식의 두 가지가 있어, 전기식이면 매일 욕조에서 목욕하고 담그면 엄청난 금액이 되어 버린다. 샤워도 매일 하면 돈이 꽤 많이 듭니다. 그러므로 아래를 비데로 청결하게 하고, 샤워는 3일부터 일주일에 한 번 받는다는 것이 일반적인 이탈리아의 생활 스타일이 되고 있습니다.

게다가 이탈리아인은 헤어스타일에 많이 집착하기 때문에, 미용실에서 정돈한 헤어스타일이 머리를 감으면 무너지기 때문에, 가끔 씻는 사람이 적지 않습니다. 영국에서도 마찬가지로 머리를 감는 것은 미용실에 일주일에 한 번 샴푸와 블로우를 할 때만 하는 사람도 있다. 신문이나 잡지의 광고 등으로, 이 스타일링 제품을 사용하면 헤어스타일이 72시간이라든지 1주일 유지할 수 있다고 써 있는 것을 봅니다. 이것은 머리를 자주 감지 않는다는 것을 뒷받침합니다.

이탈리아도 영국도 일본보다 습도가 상당히 낮고, 건조하므로, 매일 샤워나 목욕하지 않아도, 땀띠가 솟거나 몸이 끈적거리거나 하는 일은 없습니다. 머리카락도 일본에 있을 때보다 바삭바삭합니다. 물이 경수 (硬水)라는 것도 있어, 일본과 같이 끈적끈적하지는 않습니다. 그렇다고 는 해도 일주일이나 샤워를 안 하면, 역시 미묘한 느낌을 품어내는 사람도 많아, 통근의 버스나 전철 내에서는 무심코 신경이 쓰여 버립니다만, 목욕탕에는 주말에 들어가는 사람이 많으므로, 월요일은 상쾌한 코롱(향수) 내음이 감도는 사람이 많습니다만, 주 중반을 지나는 무렵에는 물씬 풍기는 체취로 얼굴을 돌리고 싶어집니다. 금요일이 되면 혼잡한 전철이나 버스 안은 매우 힘든 상태가 되어 있거나 하는 것입니다.

로마 시대에는 카라칼라 욕장 등의 목욕장이 있었습니다만, 현대의 이탈리아인은 로마인과는 달리, 목욕을 더욱 사랑하는 모습은 없습니다. 불행히도 영화 「테르마에 로마에」와 같은 상황은 존재하지 않습니다.

종 장

# 세계의 중대 뉴스를 인지하는 방법

　　　　지금까지, 많은 일본인이 모르는 세계의 의외의 뉴스나 사실을 소개해 왔습니다. 일본에 있으면서 다른 나라의 정보를 찾아내는 것은 그렇게 쉬운 일이 아닙니다. 세상은 인터넷 시대가 되고, 세계에서도 최상급이라는 통신환경을 자랑하는 지역에 살고 있음에도 불구하고, 다수의 사람은 해외의 정보를 좀처럼 얻을 수 없는 것입니다. 그것은 '언어장벽'이 있기 때문입니다.

　그다음 허들이 되는 것은, 도대체 어떤 정보에 목표로 해야 하는지 모르겠지요. 일본의 교육에서는, 스스로 무언가를 조사해 연구해 리포트를 작성한다고 하는 훈련을 그다지 하지 않기 때문에, 정보를 취하고 버리는 선택을 잘하지 못하는 사람이 많습니다.

　그러한 상황에 근거하여, 이 종장에서는 어떻게 하면 진정성 있게 중요사항을 찾아낼 수 있는지 그 방법을 소개합니다.

# ✳ 바른 지식을 얻는 방법

인터넷의 발달로 다양한 정보 입수가 쉬워졌습니다만, 한편으로 문제가 되는 것은 정보가 너무 많아서 선택이 매우 어렵다는 것입니다. 이를 여러 저널리스트와 학자들도 지적하고 있으며, 지금의 인터넷은 잡신호가 너무 많아, 오히려 사람들의 유익한 정보 취득을 방해하고 있습니다.

더 큰 문제는 정보를 제공하는 뉴스 사이트와 검색 엔진이 정보를 필터링하므로, 특정 정치 세력이나 기업에 유리한 정보밖에 표시되지 않는다는 것입니다. 이 또한 다양한 정보에 대한 액세스를 방해하고 있습니다.

일본에서의 반응은 별로였던 것 같습니다만, 영어권에서는 매우 화제가 된 일라이 파리저(Eli Pariser)의 저서, 『온라인 필터 버블(Filter bubble)을 주의하세요』에서는, 적절한 정보가 어떠한 제한도 없이 이용자에게 전달되기까지가 얼마나 어려운지를 지적하고 있습니다. 그러한 현대사회에서 자신에게 유익한 정보를 찾아내고 제대로 지워낼 수 있는 능력이 가장 중요한 생존 기술이 아닐까 싶습니다.

예를 들어, 인터넷에도 서점에도 의학에 관한 다양한 정보가 넘쳐나고 있습니다만, 잘못된 정보를 선택해 버리면 생명의 위험으로 이어질 수 있습니다. 최적의 의사와 치료법에 관한 정보를 얻는 것은 자신의 인생을 좌우한다고 해도 과언이 아닐 것입니다.

저는 이를 실감하는 사건을 경험했습니다. 그는 20년 전, 어머니의 척수협착증이라는 질병이 악화하여 걸을 수 없게 되기 직전이 되었을 때의 일입니다.

당시 척수협착증은 일본에서는 별로 알려지지 않았고, 전문의 인원도 많지 않았습니다. 어머니도 다양한 병원을 전전하였습니다만, 원인을 전혀 모르고 병원 대부분에서 단순한 신경통이라든지 신경 탓이라고 해 습포제(파스)를 붙여 돌려보내는, 그런 일이 반복되었습니다.

그러다 어느 침구원(鍼灸院, 일본의 침 치료원)에 갔는데, 그곳의 선생님이 등을 조금 만져 보고 "이것은 내가 치료할 수 없으니, 소개하는 국립 병원에 지금 바로 가세요."라고 말씀하셨습니다. 서둘러 그 국립 병원으로 향했을 때 척추 협착증이라고 진단되었습니다.

그 병명에까지 도달하기 전, 어머니와 같은 증상의 사람을 모르냐고 백방으로 물어보아 준 친척으로부터, 진단 직후 "내 친구가 정확히 같은 증상으로 ○○선생님에게 수술받아 휠체어를 탔는데 걸을 수 있게 되었다는 희소식을 들었습니다.

이 분야에서는 일본 제일의 선생님인 것 같아, 지금 A병원의 ○○ 선생님에게 가봐! 라는 전언을 들었습니다. 그 친척은 인맥이 넓고 많은 친구를 지인으로 두고 있어, 우연히 같은 증상의 사람이 친구에게 있었던 것 같습니다.

조속히 A 병원에 가서 진단해 주신 국립 병원의 의사 이름과 진단명을 전하자, 담당 의사도 놀란 듯, 곧 정밀 검사를 받게 되었습니다. 그리고 "지금 바로 수술하지 않으면 늦습니다!"라고 말씀하시고, 3일 후에 수술하도록 준비해 주는 등, 진단 후로는 일사천리로 진행되었습니다. 이는 확실히 신뢰성이 높은 정보에 능동적으로 액세스해 가는 좋은 예라고 할 수 있습니다.

만약 다른 병원의 가혹한 진단을 받고 있었다면, 만약 인맥이 넓은 친척에게 같은 증상의 사람이 있는지 어떤지를 묻지 않았으면, 만약 A병원에 가지 않았다면, 내 어머니는 지금쯤 전신 마비가 되어 있을지도 모릅니다.

당시에는 인터넷이 발달하지 않았기 때문에, 이러한 정보는 입소문으로 알 수밖에 없었습니다. 그런데 요즈음은 인터넷에서 방대한 정보를 입수할 수 있어, 이러한 중요 정보를 스스로 찾는 것이 정말 쉬워졌습니다.

중요한 것은 세상에 수많은 정보 중에서 적절한 것을 검색하고 신빙성이 높은 정보를 파악하는 것입니다.

그럼 지금부터 몇 가지 팁을 소개해 볼까요.

## ✳ 악질 정보 소스에 주의

　　　　　가장 중요한 것은 신뢰할 수 있는 정보 소스를 파악하는 것입니다.

　그러기 위해서는 허위를 포함한 것이나 홍보에만 일관하는 것은 우선 신뢰성을 의심해봐야 합니다. 그렇다고는 해도, 그러한 악질적인 정보 페이지일수록 검색 키워드로 상위에 표시되도록 고안되어 있거나 선전 수법이 능통하기에, 걸러지지 않고 이용해 버리기 십상입니다.

　이러한 악성 사이트의 문제로 기억되는 것은, 주식회사 DeNA가 운영하고 있던 의료계의 정보정리 사이트 'WELQ'의 스캔들일 것입니다.

　가장 큰 문제는 의료계 정보임에도 불구하고 기사 대부분이 의사나 의료 관계자에 의한 감수가 되지 않았던 것입니다. 의료 지식이 전혀 없는 아르바이트나 클라우드 소싱으로 모인 사람들이 다른 웹사이트 등으로부터 정보를 카피해 적당히 편집하여서 도가 지나친 것이었습니다. 물론 저작권 등은 완전히 무시합니다.

　이런 사이트의 정보를 참고로 한 사람 중에는, 어쩌면 컨디션이 악화 일로의 사람이나 죽음에 이르는 사람도 있을지도 모릅니다. 그런 의미에서, 이 사건은 원칙적으로는 형사 사건으로 취급되어야 하고, DeNA는 도산해 버릴 만한 매우 불성실하고 심각한 실수를 했다고 강력하게 주장합니다.

　한편, 이용자 쪽도 정보 사이트나 정보 그 자체의 진위를 판별하는 눈을 기르지 않으면 안 된다고 생각합니다. 대량의 정보가 범람하고 있는 현 사회에서 엉터리 정보 사이트로부터 자기 몸을 지키는 것은 자신밖에 없는 것입니다.


## ✳ 신뢰할 수 있는 정보 소스는?

그렇다면 이러한 악성 사이트를 피하려면 어찌해야 합니까? 그는 우선 정보의 '발신자' '매체'로 분류하는 것이 유효하다고 생각합니다. 다음과 같은 발신자와 매체는 일정한 신뢰성은 담보되어 있을 것입니다.

- 중앙정부나 지방자치단체, 국제기관 등 공적인 조직
- 저명한 대학이나 연구소
- 의사나 변호사, 부동산 감정사, 건축사 등 허가가 필요한 전문가
- 오랜 세월 견실한 경영에 있는 일부 상장 기업의 공식 발표
- 지명도가 높고 전문가에게 평가되고 있는 신문, 잡지, 통신사
- 평가가 높은 학술논문지에 게재되고 있는 논문
- 연륜이 있는 대형 출판사가 출판하고 있는 서적이나 뉴스레터
- 공영방송, 대형 민간방송
- 전문가 등으로부터 평판이 좋은 뉴스 사이트
   (예 : IT 분야에서 전문가 고평가 사이트 등)

정부나 대형 우량기업, 대학이나 연구 기관 등은 발신하는 정보의 책임을 중시하므로 조직 내부에 발신 정보를 자세히 조사하는 구조를 갖추고 있습니다.

여러 사람의 승인이 내려지지 않으면 외부로 발신할 수 없으며 오해를 낳는 내용이나 클레임의 위험이 있을듯한 정보는 내부 승인 절차에서 삭제 및 수정이 가해집니다.

이것은 영어권의 주요 출판사도 마찬가지입니다. 일본과 비교할 수 없는 소송사회이므로 독자의 건강정보를 해치는 서적은 출판할 수 없게 되어 있습니다.

텔레비전 방송국과 라디오 방송국도 같습니다. 일본에서는 느슨합니다만, 영어권이라고 이상한 것을 방송하자마자 소송을 일으켜 버리기 때문에, 제작 시점에서 다양한 체크가 들어갑니다.

대기업의 뉴스 사이트나 IT 등의 전문 사이트도 같고, 기술하는 사람은 배경이나 원고 작성의 훈련이 확실한 사람이나, 프로 저널리스트라든지 경험이 풍부한 베테랑 라이터를 채용해, 편집자나 교정자에 의한 엄정한 체크가 들어갑니다.

영어권의 방송국에서는 출연하는 사람에게 출연 전에 100페이지 가까운 계약서에 사인하고, 요리 프로그램조차 레시피를 재현할 수 있을지 철저한 체크가 들어갑니다.

## ✳ 블로거나 인플루언서는 신용해도 괜찮은가?

그 외에 저널리스트나 블로거, 개인 사업주, YouTuber 등은 어떻습니까. 실명으로 활동하고 있으며, 그 사람이 발신하는 저작물이나 블로그, 동영상 등이 어느 정도 평가되고 있으므로 신뢰하는 정보 소스에 넣어도 상관없다고 저는 생각합니다. 다만 주의해야 할 점은 그 사람이 특정 정치단체나 대기업으로부터 금전이나 물품 등의 사례를 받지 않았는지, 윤리적으로 문제가 있는 내용을 밀지 않는지 금융이나 의료 등에 관한 규제 위반을 하지 않았는지라는 점입니다.

최근 몇몇 블로거와 유튜버가 금융 규제 위반이지만 당당하게 권유하고 있거나, 다단계를 조장하고 있을 수 있으므로 주의가 필요합니다. 그들은 스폰서 이름을 당당히 공표하고 있습니다. 그런데도 법률 위반이 의심되는 인플루언서(영향력자)는 우선 신용해서는 안 됩니다. 독자나 시청자에 대한 책임을 지지 않는다는 것이기 때문입니다.

## ✳ 참고할 신뢰도가 높은 뉴스 사이트는?

가짜 뉴스가 범람하는 가운데, 신용할 수 있는 정보 소스를 평상시라도 미리 몇 가지 루트를 파악해 두는 것이 중요합니다. 대형 미디어 매체 중에도 최근에는 과장된 뉴스를 흘리는 곳이 있고,

인터넷 매체라면 방대하고 너무 많아 선택하는 것도 고역입니다.

　이러한 상황을 고민하는 것은 일본인만이 아닙니다. 영어권에서도 최근에는 미디어의 연구를 하는 분이나 저널리스트가, 신용 가치가 있는 매체를 소개하고 있습니다.

　뉴욕시의 킹스 컬리지에서 미디어학 담당 교수인 폴 그레시더는 다음과 같이 신뢰할 수 있는 미디어 목록을 소개합니다.

　미국의 미디어가 중심입니다만, 영어의 정보를 얻을 시에 참고로 하면 좋을 것입니다.


### 일반 뉴스

- National Public Radio

- TIME Magazine

- The christian Science Monitor

- The Los Angeles Times, 기타 지역 신문

- USA TODAY　- CNN

- NBC News　- CBS News　- ABC News

### 비즈니스 뉴스

- Forbes Magazine

- Bloomberg Businessweek magazine

- FORTUNE magazine

- Financial Times

### 보수계의 시점

- National Review

- The Weekly Standard

### 진보계의 시점

- The New Republic  - The Nation


영국과 유럽의 뉴스는 신용성이 높은 미디어에 대한 여론조사를 시행하고 있는 옥스퍼드 대학과 로이터 연구소(the Reuters Institute)에 의한 조사가 도움이 될 것입니다.

그 순위를 바탕으로 영국의 미디어를 소개합니다.

잡지와 비즈니스 뉴스는 순위에 포함되어 있지 않기 때문에 제가 가필했습니다.


### 일반 뉴스

- BBC News  - ITV News

- SKY News  - Channel 4 News

- London Evening Standard

### 보수계의 시점

- Daily Telegraph  - The Spectator

- Daily Mail

진보계의 시점

　　- The Times 　- The Guardian 　- The Independent

　　- News Statesman 　- Daily Mirror

비즈니스 뉴스

　　- Financial Times 　- Bloomberg

　　- The Economist 　- Reuters UK

　　- 　Gazette Live 　- Insider Magazine

　　- The Week UK 　- City A. M.


## ✳ 정보를 빠른 판단으로 취사선택(取捨選擇) 합시다.

　　　　　신뢰할 수 있는 정보 소스를 선택했다 해도, 날마다 대량으로 흘러드는 뉴스나 정보를 어떻게 자신에게 있어서 유익한 것으로 할까. 여기서 문제가 되는 것은 취사선택(여럿 가운데서 쓸 것은 골라 쓰고 버릴 것은 버림)입니다.

　저는 매일 주요 미디어 사이트를 확인하고 제목과 그 아래에 있는 1~2줄 설명문, 소위 리드(Lead)를 읽고 어떤 기사를 선택할지 결정합니다. 신문도 구매하지만, 전부 안 읽고 필요한 기사만 취하고 나머지는 버립니다.

　이전에는 RSS를 활용했지만, 최근에는 RSS를 제공하지 않은 매체도 있으므로 사이트에 직접 액세스하여 읽고 있습니다. 스마트폰보다 노트북으로 읽는 경우가 많습니다. 또한, Twitter에서 각 업계의 분석가, 학자, 저널리스트, 저명 블로거 등 유식자의 계정을 팔로우해, 트윗을 점검합니다.

신경이 쓰이는 뉴스는 '좋아요' 버튼을 눌러, 북마크 대신 사용합니다. 이것을 매일 반복하면 뉴스를 읽는 것이 빨라지고, 어느 매체의 어디를 보면 자신의 흥미 있는 정보를 얻을 수 있을까를 알게 됩니다.

## ✳ 서책을 많이 읽을 것

뉴스를 보는 것과 같이, 책을 많이 읽으면, 자신에게 필요한 정보가 어느 분야의 어떤 책에 실려 있는지 감각적으로 알게 됩니다. 그때 참고해야 할 것은 저자명, 저자의 배경, 출판사, 표지의 디자인이나 폰트입니다.

마음에 드는 저자의 책은 몇 권이나 읽습니다. 출판사는 회사마다 주특기 분야가 있으므로 자신이 좋아하는 분야와 전문 직종에 주목해 두면 곧 필요한 책을 찾을 수 있습니다.

이를 알기 위해서는 어쨌든 간에 독서를 양적으로 수행하는 것이 중요합니다. 그때마다 구매하려면 비용이 커짐으로, 공공 도서관이나 대학 도서관, 회사의 자료실을 활용하는 것도 좋을 것입니다. 도서관의 경우는 '이런 책을 읽고 싶다'라고 사서에게 상담하면, 그들은 자료나 책 찾기의 프로이므로 최적의 한 권을 찾아 줍니다.

저의 경우, 도서 위원이었던 고등학교 시절에 대량으로 읽을 수 있었고, 대학 시대는 미국 유학 기간도 포함해 도서관을 잘 활용하고 있었습니다. 옛 책방에도 수없이 다녔습니다. 자비로 구매한 책에는 크게 실패한 책도 많이 있습니다만, 실패를 거쳐 어떤 책이 좋은지 서서히 알게 되었습니다. 또 책을 좋아하거나 일로 자료를 많이 읽거나 하는 친척이나, 학교의 교사와 연구자를 겸임하고 있는 지인 등으로부터, 신경이 쓰이는 책이나 읽어야 할 책에 대한 정보를 얻을 수 있었던 것도 고맙게 생각합니다.

실무에서는 회사에 자료실이나 데이터 검색 담당인 조사원이 있어 회사의 자료나 조사원의 도움을 받아 활용할 수 있었습니다. 또 프로젝트에 자료비가 포함되었으므로, 프로젝트마다 수십만 원 단위의 서적을 구매해 읽을 수 있어 많은 공부가 되었습니다. 직무상 비용이라는 것으로 호주머니 부담 없이 읽을 수가 있었습니다.

현재는 인터넷이 있으므로, 서점이나 회사의 자료실과 같은 곳에 일부러 발길을 옮기지 않아도, 책상에서 많은 정보를 무료로 수집할 수 있습니다. 그런데도 책에는 그 분야의 전문가인 저자의 지식과 경험, 연구, 방대한 자료 등으로부터 모아서 세세하게 조사된 신빙성이 높은 정보가 꼭 차 있습니다. 앞서 언급했듯이 편집자와 교정자에 의하여 거듭된 체크나 수정이나 개선을 거쳐 세상에 나오는 책은 배울 것이 많다는 것입니다. 그러므로 이 인터넷 사회에서도 역시 책은 귀중한 정보원인 것에는 변함이 없다고 저는 판단하고 있습니다.

## ✳ 크리티컬 싱킹(critical thinking, 비판적 사고)을 합시다

크리티컬 싱킹을 익혀 정보를 입수하면, 이번에는 그것들을 되새김질(저작, 咀嚼)하여 자신 나름대로 이해할 필요가 있습니다만, 무엇이든지 사안의 진의를 제대로 파악하기도 전에 받아들이는 것은 위험합니다.

항상 "이것은 다른 생각이 없습니까?", "이 저자가 맞습니까?", "이렇게 주장하는 이유는 무엇인가?", "이 타이밍에 이 정보가 나오는 것은 왜인가?" 등과 의문을 가지면서 정보를 정리해 나가는 것이 중요합니다.

이러한 방법을 영어권에서는 '크리티컬 싱킹'이라고 부릅니다. 정보나 타인의 의견을 비판적인 관점에서 분석하는 방법입니다만, 논의 전개를 할 때의 기본이 되고 있습니다. 의견을 다투는 것이, 그로부터 새로운 발상을 얻을 수 있는 필수적인 방법입니다.

이 방법에 익숙하지 않은 일본에서는 자신에게 도발하는 것, 의견을 부정하는 것 등으로 파악하는 사람이 있습니다만, 그렇지는 않습니다. 논의의 깊이를 더하기 위해서 다른 사고방식, 다른 방향성을 제시하고,

그다음에 '당신은 어떻게 생각하는가?'라고 질문하고 있을 뿐입니다.

크리티컬 싱킹의 능력을 키우기 위해서는 논리적 사고를 고양하는 것이 지름길입니다. 뉴스나 사물을 보았을 때는 이론적으로 생각하고, 뭔가 이상한 곳은 없나를 물어보는 것으로부터 사고가 시작되기 때문입니다.

다음의 두 권은 크리티컬 싱킹이 중요한 컨설팅 업계에서 '기본서'로 불리며 많이 읽히고 있는 서적입니다. 꼭 한번 읽어보시는 것을 추천합니다.

> – 바바라 민트의 『생각하는 기술, 쓰기 기술』
> – 피터 슈왈츠의 『시나리오 계획의 기법』

세상에는 인터뷰 전문가가 많이 있습니다. 특히 저널리스트와 마케터의 인터뷰 능력은 탄식할 정도로 뛰어날 수 있습니다. 그들의 취재 기술에는 크리티컬 싱킹의 힌트가 많이 있습니다. 질문자에게는 비판적인 관점이 필요하기 때문입니다.

또한, 시스템이나 제품의 사용자 인터페이스 및 패키지 디자인 등 '외관'을 디자인하는 전문가의 인터뷰 기술도 참고가 됩니다. 소비자의 구매 의욕은 외형에 따라 달라지기 때문에, 그들은 좋은 제품을 만들기 위해 매일 의문을 품고 건설적인 비판을 반복합니다. 이것은 바로 중요한 사고입니다.

인터뷰 기술을 높이기 위해서 참고가 되는 책을 이하에 몇 개 소개해 둡니다. 읽어보시면 이해가 깊어지시리라 생각합니다.

- 노무라 스스무(野村 進) 『살피는 기술, 쓰는 기술(調べる技術· 書く技術)』
- 나가에 아키라(永江 朗) 『인터뷰 기법!(インタビュー術!)』
- 우에노 케이코 『마케팅·인터뷰』, 김용덕 번역, 내마음의책− 문제 해결의 힌트를 '물어서 캐내는' 기술
- 스티브 포티걸 『사용자 인터뷰』, 김승권, 강한나, 박상욱 번역, 지 앤선− 사용자를 이해하는 진솔한 첫걸음"
- Taylor Warfield 『Hacking the Case Interview』
- Marc P. Cosentino 『Case in Point 10: Complete Case Interview Preparation』

✿✿✿

# 끝내면서
모든 것은 일본인의 미래를 위해

　　　　　　저출산 고령화의 시대를 맞이하여 앞으로 더욱 격동의 시대로 진입해 갈 것으로 예상됩니다. 요즘 일본에서는 대규모 구조조정이나 전환 배치 등의 보도가 늘어났고, 공적인 연금만으로는 생활할 수 없어지고, 부부가 합쳐서 2,000~3,000만 엔을 준비해야만 한다고 공식 보고서에도 명기되어 화제가 되었습니다.

　이는 상당히 예전부터 알고 있었던 일이지만, 금융청이 이렇게 대대적으로 말해 버린다는 것은, 우리는 이제 공적 연금으로는 납세자를 지켜줄 수 없다고 명언한 것 같습니다. 즉 고용이 이만큼 불안정해지고, 사회 보장도 점점 삭감되어 가는 가운데 일본인이 앞으로 먹고살기 위해서는, '벌 수 있는 능력을 배양하기', '더 나은 일을 찾아내기', '자신의 자산을 늘려가기'와 같은 방법을 진지하게 생각해야만 합니다.

그때 중요한 것은, 언론이 흘려보내는 정보에만 치중하지 말고 폭넓은 시점을 가지고 세상을 바라보는 것입니다. 그 시점을 기르기 위해서는 일본 국내는 물론, 세계의 정보에도 폭넓게 안테나를 세우는 것이 매우 중요하다고 할 수 있습니다. 일본도 세계화의 흐름 속에 있기에, 해외 상황이 자신의 업이나 자산에 미치는 커다란 영향을 회피할 수 없기 때문입니다.

지금까지 국내 시장에만 의존해 온 업종도, 앞으로 시장이 축소되면 해외에 물건이나 서비스를 팔 수밖에 없게 됩니다. 세계를 상대로 마케팅 전략이나 사업 전략을 반영하기 위해 다른 나라의 정보를 모르는 상태에서는 경쟁을 이겨낼 수 없습니다.

자신은 일본 국내에서 경제활동을 하니까 상관없다고 생각하는 사람도 있을지도 모릅니다만, 국내에서 외국인을 상대로 사업을 전개하는 경우에서도 같은 적용을 받습니다.

음식업이나 숙박업에 종사하는 분이라면, 외국인 여행자의 출신국에 따라 매출이 달라질 것이며, 지금의 경제 상황이 차기의 전망을 크게 좌우할 수 있습니다. 예를 들어 일본에 많은 돈을 뿌리는 중국인도 자국에서 전개하고 있는 사업이 관세 장벽 등에 의해 부조화를 이룰 경우는 당연히 일본으로 여행할 때 지갑의 끈을 바짝 조입니다.

그러한 상황을 가능한 한 빨리 감지하고 대책을 강구하지 않으면, 자신의 업이나 회사가 위험해질지도 모릅니다. 그러기 위해서는 국내 언론에 의해 흘러넘치고 있는 정보에만 취해있지 말고, 평소에 국제 뉴스나 경제 뉴스 등에서 폭넓은 정보를 접해 사소한 변화를 놓치지 않고 앞을 내다봐야 합니다.

또한, 외환이 움직이면 자신이 투자하고 있는 투자신탁에도 큰 영향을 미칠 가능성이 있습니다. 투자신탁에 가입되어있는 회사 중에서 수출에 의지하고 있는 기업이나 자원회사가 있다면 환율의 동향이 크게 영향을 미칩니다. 다양한 출처에서 자신의 투자신탁 상황을 상정하고, 이것은 위험하다고 느끼면 곧바로 돈을 옮겨야 합니다.

그러나 불행히도, 사람의 대부분은 막다른 상황이 오지 않으면 이런 상황을 깨닫지 못합니다. 평소에 폭넓은 정보에 적극적으로 다가가려고 하지 않으므로, 깨달았을 때 이미 늦은 사람이 거의 다수입니다.

국제 뉴스에 살짝 등장한 사소한 정보나 보도 자료에 기록된 숫자 등이 큰 단서가 될 수도 있습니다. 그런 것을 놓치지 않으려면 평소에 대량의 정보에 접하고 진위를 판별할 수 있도록 자신의 안테나를 세워 둘 필요가 있습니다. 이 세계에는 앞으로의 시대를 살아가는 데 필요로 하는 정보가 태산입니다. 그를 자신에게 있어서 유익한 것으로 만들고, 살아가는 지혜로 전환해나가는 것이 그다음을 열어갈 열쇠가 될 것입니다.

그 첫걸음으로 본서를 활용해 주신다면, 그에 따르는 기쁨은 이루 말할 수 없겠습니다.

2019년 9월
타니모토 마유미